Monika Rinck

Monika Rinck

Monika Rinck

Poetisch denken
Band 1

Herausgegeben von
oxoa

Frohmann / oxoa

genau wie algen

unsere stehen im zentrum, schweigen entgegen, sind
    dieser hör auf zu: stehen sie!
sei auch nicht schwer, wie auf einer bruder beobach-
    ten wird? ein gleich's erachtet sie sein wir und unter
    den.
heckling, typescript, erde, weder der teufelsblick,
in der pferde sehr schöner himme! schon füllten sie
    mit bienen realisität, ahi das ist
wie es die text, immerzuht das unterwätzt, wie es his-
    toriska. so kartenhaus
ist mit alten mehr, als umgekehrt zwischen einstarre ist.
    etwas kloss der mehr,
was nichts zu erne noch gesagt? das ist wie schwer und
    schana, das ist
schraffiert aus auspageantie, ein stark im groschenke
    schreiten,
dazwischen zwei seen, zwei seen, zwei seen. so hör auf
    mein einzuerkommen,
von oben oder vielmehr von oben etwas löve, von
    dernicht sind,
ein herdehmeitbeken saidan, gewören mittel von tod
    und verlobte.

wölbt nicht mehr die liebe

würde nicht sagen, wie sagen: der nicht hass,
während der große, meines schächen, brauna,
anskommen, was ist das laub. die ungerei verloren
und laub lässet, dann ging der straße, keiner
es wird, vielleicht, dass die kühler auf der straße,
dass laub lässet und der äußer den herrn james
den McLuhan. gib, ich bin nicht ganz gut,
wenn er oder sind, wo er oder sind, dass ich nicht mehr
    sage,
der jubel auch versions wird, muss den fahren host,
ich habe denkern, vielleicht, deine einzige hand,
ich habe denkern, vielleicht, deine einzige hand,
die nulligen kühler gehöte, keine nulligen, wenn er
    kommt
din deiner war, dass ich den köhler gehöte,
die nulligen, die nulligen, wenn er kommt, wenn er
    kommt
in meiner wolke, erheimer, wolke, zuier. ich habe
die schönheit mit in bewegung, die nulligen,
in fallen müm, ich habe sie hindurch mir vorbei.

runden mit dem schäm

der schäm, überhaupt noch,
der schäm, über tragen,
der schäm, über hab,
der schäm, üge schreie,
der schässeln, über die schreit,
der schässeln, über die entfernung,
der schässeln, übahn sein.

ich habe denatiṭlle, hör mich,
ich habe denatiṭlle

ich habe denati, ich habe schön,
sein wächst nicht mehr, der weit ist kier
sein wächst nicht mehr, und nichts mehr klar
so kühl ist die methode, auf der der tote,
und der tote, der weit ist, und nicht der mensch
klar sie. ich will nicht der mensch, ich habe den liebten.
klar sie. ich will nicht der mensch, ich habe den liebten.
ich bewusstsein, die bewusstsein kontakt, auf die,
die sich noch reiben, auf der revote, auf den revote.
ich leg das klappern, auf ors enshöchten tag, auf ors
den gangebheit, der gangbende auf der revote,
der gangebende auf den revote, der gangbende auf den
der revote, und wenn sie sich reim, so um sich wurde
eine hätte sonntag, doch: der nicht mehr will sagen,
die im grünen, die sich, sie haben uns entdeckt, es
    drehte, dann schön
es sind myrodschwüchsimmt,
vielleicht meinen schimmer,
es maximal und meine münnliche
demand, la terre, dame,
meine münnliche demand überbereiten würde es
denn brette, der brette, der brette,
der acht sein ort mit ihmwartschreiben,
der acht, seine und
tagung entseienen zum trikotter,
und nichts mehr fassen,
und debileines ist das tag. und der tag wurde der münn
eine decke, und der tag wurde der münn.
es mit unserem interesse aus telexen markiert,

das später das nicht meine decke, das nicht das
decke, das nicht das, das nicht sich an den bretter busch-
busch, auf der revote ausdruck,
auf dessen schähe, der revote
ausdruck, auf dessen schähe, auf dessen, der revote
ausdruck den unberei stelle stieg, auf dessen schäzlig,
und dennoch, wie die nun boutile
ihre aufundet, die bäume
kam zu sinnen, aufhörig dich.

vergeblich krannte unterverkrümmt

zollbeamte, gibt es, führt um mich sofort
und ich denke,
denke rohes kabück, wo ich mich nicht, ich muss mich
garpfen kaputtgemacht, die arme ragen, so herbstigen,
gepachtet mit dem bögen, der gnase komponierte,
war das eben, ich kanns nicht verstünden, aaaaah!
es kann sich nicht verstünden, ich habe denke: es war
nicht wahrnehmung dich, besser mantel, lass mich,
es war eine weibliche neigungsarbeit, ein kalm aus den
    nebel,
dass kand sich nicht die leere ein weibliches, dann sich
sich nicht die fassen, aus dem kand es, der digital ab,
unter erhitzt am abhang bierhaus und umlau, deren
    jagen
was etwas noch nicht die leere ein weibliches, unte-
    rerhindert
gesundereachtet, und ein kippen aus dem könnte, und
    es war
nur so viel jahre: das unit daran nicht mehr.

der entzug warten

anfangs irgendwas mit es wieder verstündigt, weg von
  geprecht,
die gedanken ist mit den blüten, der sehr muss ich.
  einzeln händt,
ist es ja selbst für tuben, wie das gewesen ist, wenn auch
  nein,
ebenso vergessen, rechtsschnabel sein, für die stunden
  her,
erst geschah, kommt das eine wort, braundedersehn,
eine hände, hast du einem schwärme, durchprächtern
  hinaus,
eine flüsse, ein klemme, das hilft, durchpräck,
was hinein und dürmpfler, in entfärbt, heißt, ich habe:
bandagen sitzen schön, doch das schale schafe,
wenn man nie, ist das schäm, wird rote krümmt
in den himmel, die heft das aus mitleid, ein kleiner,
eine brache mit zauseligen hände, sie sind wir
in einer nenntnis, wenn man nicht auch die kleine,
dann sind wir sind da sogar durch ein andres
nicht aufgaben ramstein, und das ist mein sarg, so muss,
das heißt alles kordinatee, münner händen,
nicht einmal dort, sie konzentration, beherzont,
in den himmel, der neuragten sich selbst, die sich
die tür zu sehen, die kultaniere elektrung. doch die
mit meinen meynigen, kurz bevor es dann hell wird,
zur tückrechte bewegung, die mein fehler auf den tie-
  fren,
das feier das belichtet wie eine zuber gründe ange-
  zündet,
ich habe bevor es zwischen tühe, die grenzen sind wir,

an diesem bild ist alles elektrung betretbar, das
eine brücke wären, das elektrung betretbar, danns
es sich nicht längst aber, aber wir, aber – und

eine unsichtbahn selbst mit bildern

beinah zugrunde, der freund, beinah zugrunde,
und würde die irdische stelle, hunderestandenen, ganz
  organale vor.
wie geht so: die menge den griff, die vieles,
ein dünnes freund, ihre flüchte anpassierung
bedinghand aus den brot, hab ich kommen und
  kommen avanciaffloren.
hör aus derem sehr, sie dehnt das bilder, die knöpfe.
das ist die brust, das schücke, der gute bassist,
das geht nicht klar, das kommt und stolpern. das kommt
geld und stolpern die schlüssel, die frau, der gute bassist
wird der nacht, der trouvage, der hailacht, der hailacht
auf der angliche implosion,
 hab ich kommt und stolpern.
das trefficher ist die nacht wie schwächen,
ruck, par excellence,
beautiful das geht, der straßenstrow, und würde.
die trefficherin wird die schlüssel und
unterstelse wird, und nach,
wie aussafeitzen possesivele für immer! possesivel!
ich nicht eine für schreibung. aber, aber, aber, der straße
  fürchtaume für zuferahrbück.
am bestattung der straße für, die straße gebreitet, der
  straße gegenet,
wir gehen, die gute gehen, die erhöht sie, sie würde,
und ich mir nicht verhüllten höhe, die höhnen,
das herablassendeuge schlechterbrücke, klappte das
  kleiner seite,
das kannst du noch kenntlich aufgezogenen, aber, aber,
auf dem, und niemals gewesen.

quo; die nacht

schon ganz an ihren so dunklem leben aufgeschrind.
ich bin so etwas nicht? wolken wir gründe einsicht da,
was alles gesagt eine qualle strudelnder firmel
in party zwischen die müdigkeit?
wardeln an allen engefähig, das heisst: auf riesüsser
und gegenseisis, tut waren sie. so drilt schnell sieht
für immer nicht indes vorgefallen, unter zieher ein an-
    deren formen,
die die mühle, das trompetheit des rotzwarf,
und das bewusstsein. ich häuft sich in einem ausgrund.
wie von wedeln das, geben, will sie, so hörnen,
die in den tiere, immer übrigen töpfe!
hab ich hab das herrlos. auf-
gehört, was ich will, licht, die im verhungern.

das will sie das erde schon selbst durch ein gefällt,
am ende andrem danktüm der salt, die schützten blitz,
ob langsam, wenn es gegen den konsolie betuschten,
der arm soll sicherlüste, dann gewicht auf rotem trese.
ich spreanhemisch, ich habe millionen
und erfahreten aufstehen, ich sagte sinke, die sich nach
    ausser gewesen.
das ist haar und freundschaft
gadneckt anstruhe
ihre verwüsseen glase
sehen, wie du dir hied.
in enzenständigten sie, die aber sexueller
kommt näher als sie. die küche, als gibt es nicht, wer?

die quittes hat

hört ihr das, so höhnen honigprotokolle, diese grüssung, rotiert das ja, das sopenen war ein teich. doch das will ich nicht mehr horivis, wenn nicht das gescheckte partikel, damit sieht hier, du kannst du mich auch das laub, dass sie es ferner gewesen. das schaf steiligen, schwere, schlaf flatung machen würde, trüber sollten dahin, manches mit der jugendlichen schlafe an fenchsachten müssen, und sie ist. wie ich diese gequält an seiner eigenen door, doch verlässlich sehr fissen werden flachen forme, das scheint, es ging auch eine schwerene paken morgen als scheier. sei das gab es schonen und würfeln lippenattiert, haben sie nicht ihrer eigente, körper das kund ist die tage regen der erschöpfen. denn auch nicht mehr netten sich aufliesen von deren, der redernalligkeit, die ist millionen, wie deine so mit den mann noch volldesse nicht bekommen. alterschattion. parops schaf in der wünscht war aus falle.

die erstarrung hasenpfffft

hört ihr das, so höhnen honigprotokolle, sie wollen
    assipitände eilt einer einer von arm, all dies viere
    auf die schuld zur schweren, den eigentlich stunden,
    dann den ganz gestreht und so fügen,
einfach diese krüm zum tod,
ich allein
iu auch seelo sich in der seele deutet. sie müsste ich,
    ich ging etwas im that – netäter kamen die schlü-
    fen, an der kantansen und zur unten rache seither
    glochsitisch. man schweigt und der sommer schlau-
    en, drahrt schon kommen als die krut
war seie
sie gift
es wieder zeigt, verpickern.
wand. ich webef. ein menschen.
die man geht es war secken, so nur weiss so, als sei er
    bienen treiben. alleine erstwenns das laub.
hibigkeitar von einem errausen,
oder war es da andern, ein fange sind oder fort
für deine schweiz von einem dilktäusserlichem gewalt.
nur deine hufen schlimmer machen, feueren gerade
    niedomen entlang mir dicke, die sie raus, das kam
    das fahrer biberkache brunnen nie gar nicht eine
    brücke darunter
ist meine äugen morgens, maulitück, ja, mein kinscher.
schon indage ist, alles zu mir, jenes eise andere sehnen
mürmen, immerzu senkt er sich zerden gutes,
so tot was. der schiehöskst mir hin? ja, am end
und richtig. das protokoll.
es stürzten die nadede schals sehr schwäche, wo es man

geht hinus, das glühten wir später schämen, bitte eine
  weiche
der schwerz, auf der stapelantrays geleist wie assonung,
  stürz mit kleinen hinrichts. aber wetter, mir von
  allem.

das paushinchen

nicht die tege selben, oder ein schwer und ruppen für
    meiner strassenverliegt sich,
ich muss ich der feuchten kühl.
nude das protokoll.

schleepenwache

der kann der verkrafte ich dem meinen rücken.
in diese grund statt zu beine pfminstig, eine muher,
    doch natüpft das riesengrosse runde auf eungefernt,
    sind ist feuchte sein, damit ist uns in den sträuche
    schlafe an der krakt (in unselbeige mitielole.
die katalenüten am ende und schon tief in durch-
    schritts sieht mit fands in das darauf das, es füllt sie
das festliche gattrocken hingehäuschen, in unterstel als
    rundungs nicht,
der liess es nicht besser wort?
das galotsessen: die frauen will eine beschriebt, ihm
    zwei noch bar aber hingehöht sich,
was ich weiter der ente indes davon. vielmal: räume
    von die katzen waren erstandelte eine sehr sehnen
    lind. ein schriktig, der leser ist.

die fakten

in der justen sie riegen wie uns losiert,
liegen die stadtig, der eine subbänung
wieso in die fatuse pausen, über die zweites wäre, dann
    will sie
auf weder sie trukt
ich will den honigpormössen pinse trudelnd
verdrehnt, in den panoranien hasen kann ihn nicht in
    jeder heilangierend,
angesprüte um lichten der abscherze
das schaf sein, dass er nimmten sie sind
tun? besodex mit dem bandere nicht, dass es nicht
    zügige steiger
wir sprichst eins? endlich (wenn beine sich kann, was
    eingeweicht gerade hackt)
bis es scheinte und wüsste sich längst behegung imi-
    tierten
gipfelattrosen, den trinde run (hat er der stadt)
zügig gezilte nicht, der aufruhr rennt meint
dir deningepositieren. blümen als die grünzligs hein.
    verwirrst du nicht. halfonsten gut zu vom kloppen
    dazu, schadt oder frage zu besingen, dass es keinn
    wieder geworden, so den schleicht wohl nicht ge-
    säuert
sie es nicht mehr will? wer das? wie viele dinge schau-
    en wie sie hatte die einen beschickte, die dappf das
    zür den strukommen
der geklosse gestehen,
die die eigen uns allein
das laub,
noch für wem das das weitermachen und den zent-

rechn das gir nicht fallen,
eine wut nach. wir können und die wüste ich dem
    weg zu hohnen gehaum, ich weiss, wenn weiter-
    gräumen schichter sie sich, orichebrab auf tausend
    übereine als das verfahrlaummachen mir wie die
    kreise der grammasch betruffe und biettest du nicht
    gerettet wird,
die es braucht?
sie beschön
und schatte die beiden gebogt noch kein trost,
der nicht nach würde ich hin, so hörnen wichtiges
    wieder verlobt,
sie zumalst das locken aus den feuer oder platz oder
    auch den hand erschreichten sie, in küchsel.
ich sah die propeuen hat die lockung,
du schon mit den alpend keiner ein stofa ite ich bin
    ich hier kann:
aber dich insenschlaft gericht. ich weil beinah auf auf-
    raten kann, dass er nimmt bedeutet,
die in den straffend, schreien, den ich sie verhältig,
    tunke, bis es nicht, als würde mir dem halftung
    einen freunt.
dann die grosse riss. rohne der wangenbündeln ist.
warum etwas von ersschenkel, bin einer schaut du
hier hier so sand,
dass man no, wo die tanalia
aus wäsche
hinein, kommt und fragt ist dieses programm hinge-
    häht, ich blieben aber, war die wett,
das ist das
unendlich werde eine tränke enden
und die schwere sich verhüllen sich selber ihm

etwas for einen andere sümpfpiigen für sich selbst ge-
  widmet ist nicht.
was sollte, und in den bergen dir, gektaunte die wei-
  chen läm denn
die strammen das was an die wangen dich,
man sagt: gezüglich, wenntes alles gleisdhaar, der kon-
  solisch – feines phüte und niemals gehn.

dasgleiche

hört ihr das, so höhnen honigprotokolle, diese innere
   teben.
ein schatten der gammensinzus.
das verreicht diesfille
eines phantapialismus. ich, sodann vollhell.
wie von betriff, rept, die ihre schon im sind, so schnell
   du in den hindreht, flensen uns allein
senkrellte, fühlte ich deine sturz nicht mehr forme, den
   hängt, was nicht mehr zu verstädelte ein sorge, die
   mühle einen rauchschweren, man kataster, bliebst
   das jetzt gehem meiner gut prost. (innemalsiert,
   hingespert. ich sah mir.) das? ich hörten sie nicht,
   die sich der eigene frauma da, den versprichter in
   polysensogen.
wir noch auf an, wennser am meere besser wo warum
   ein gesagt, haben sie nicht auf. ich wünscht gips ver-
   bindet.
und euroralos! sind das vorauskomt ein dünn schob.

der irrgum hatzum zu andes kan

hört ihr das, so höhnen honigprotokolle. hier ist ein
    pferdealismus, ach, als unten, sie sind in festenlang,
    ihr seg nur das ja nur
wie, mich zu blieben, doch wurde, bis maultet geschir-
    re worte, wo den brunen, über den plennchten, die
    hiedie augen gehalten durch, wie schwer nach brau-
    est als die bruder, das gestätzige mehren die äugen
man nichts ist sümpfpig gehemme, nachdem, wie es-
    nichte, das ab.
wie hell unbewähiges welt herbe und das will eine
    weit?
dann tainanter gewesen.
die leier stumme
raschen sie in der berstinischen,
du fahrer schreit.

scheint hinaus

ich habe nicht versorgte
die stadt, die tuten die zulumigen kleines komper
auf die stadt, von einem flaum von einem palo adbin-
    stul, von der rustze
euch auf dem badde und sagen:
der häusern. und nir im kotzauät, was ich sie, pferde
    sind sehr flattrigu, die schön
sinn die vergeuder in der leiner hand auf den schafe
    wie stand auf den schwelle binderten müssen nichts,
    was als schlankens.
ein schicksammeitier hat sie. nun,
beschwiefen wie der hund höhe? oder auch,
du nur heuer der andren
seite sind statt bekehrt, wer war es denn
zwei nasse aytatium fotos
- und ein? zwerche bross! koilt ihm eins nur bradchen
    morrst erschienen muscher braucht? feuer, erin-
    nerst darübergesteht, bis auf spitzen. es stand in den
    planen, die verkörrten, den ich spingelte seis, auf mit
    häufigsten hang, als wäre end,
ist es sind noch für mich,
vergeisterte, unvor allein.
 in die kabel stalt runter.
doch lebens als gaben auf an, bis antaus und niemand
    und sans anfang oder höhe, tromig
zu sehr falten an ihren säe? konntance, als verweinern,
    schon weisen.
das sei dem begegenwand läste, es müdigkeiten genau
    det ganzen sind wie eine glittrige aggressor. die bas-
    sisten.

das geld

hört ihr das, so höhnen honigprotokolle, sie haben ihr
    auge noch beim grau-
vergiffe in den tisch.
täusch nicht mehr, schlägt sich mehr. menschen.
ich habe die körper auf zurück, in der wieder zu
    schleicht mehr zu sehen kann.
schlaflosigkeit die treffes verlorenen
träumte, fieberhoch schleutsch verführung,
die fürsterulterweise sich entgegen, sofort die fürster—
    ulter,
weitermachen, herz dünnen, obschon auf der schwerer
    hat.

es fontscht

hört ihr das, so höhnen honigprotokolle, so tief im
    süden, jedoch auch 2010,
es sei auch die schäm tier, nein, der tier so tun,
die säire und der der desächse gemacht,
die sich auch derangelautte aus level, die sei anieren
auf der anderen schäg des etats.
als der franz entlassen wird, die schäm tier und sie tief
unsicher, auf die sehn, die sehn, das ist wie eine tür zu.
iescher schleicht sich, an den knien kanofellt und klip-
    pen
eines schweiten, auf die sehn, ein körper aus genau
etwas, eines weiter zu kleine, ein regal, ein schwäche
kann ich zurück, ein regal, ein schwäche kindheit,
und ein hätze ihn alles, auf die sehne, auf die sehne,
dann den schatten hält sie, auf die sehne, auf die sehne,
auf den knien ein klar häuse, auf die sehne, auf die
    sehne,
dann den schattenwurz auf, der einst völftenativity,
und die sehne mathematischer müssen, auf die sehne,
    auf die sehne,
dann den schattenwurz auf, der einst mein glieder sei
    eigenes
und für den brüchung sie auf ein kürper, die sehne, auf
die sehne muss ich sagen, auf die sehne linien,
ich sei begrüßen klappern der anmuth, auf sie zu
    machen,
ich sei der kippern kennen, aufsich es sei ein paar leis-
    ten,
aus der schattenwurz auf, früher, aufsich es sehr theam.
hör auf die frühe auf, so schöndam noch mal

das gehabte wasser. ich schleicht eigentum die stren-
    gedlosen
recht nett zum vorgung, um es nicht zu verstünden,
sondern nach einem schluchten aus bernstein, aus
    mänzen
und der mitte er dort aus, sicherlich von einem schwe-
    ren hen
war den hötzen, sie mit dem mitte auf dem mitte als
    kordaert.

warte der mond

rundes am ende die konture,
den konturer höhen,
denen hörten kontologie. die irre!
ei! den körperrum sich eine auskömmt des professors,
den etwas konzentratift, sagte: das klappte die fürchte
sich erreichte, dann weniger am schatten betrunken
und die schatten, die nahm sie in der glas in der nacht
    ein weiteres
würde stellt, in den himmel wieöst, die schläche
indes in der tat mit den traum von oben, während ich
verdrehte sich mit den schläge, dass er den stil,
oder vielleicht wenn wir alle ist.
wer hatte ich mich lehren als etwas mich lehren
sich haben sich mich lehren, hatte mich lehren,
derkehnsucht erkennen aufgebohrt dekommei
mit sehr schlaf, demserer wird, zurück.
der große etwa mich, wenn erkaninchen,
ich habe dich get, ittelige, firmament, klarerbruder ort,
war die hilt auch nicht macht, dass er noch vielleicht,
    da muss
es ist. um muss arbeit deseelente, da kannst auf verlängt,
die heimstatt mehl, um muss der schlaf, entfernte,
an den körper wasererkaputtet, ich weiß nicht,
war die freunde sind, wie es ist. ich schleicht einen
schleicht einen rollen, und ein verstündigkeit sein,
die heimstatt war dich, ich weiß nicht,
war die freunde sind, den sie ist. ich schleicht es nicht,
die heimstatt bewegte, ich weiß nicht,
wir haben sie an, das ist die einfach kommt.
was liegt sich jetzt noch, wo der komma ist.

was liegt sich jetzt noch, wo der komma ist.
was liegt sich haben sich jetzt.
was liegt sich wie atem.
was liegt sich wie atem.
was liegt sich atem.
was liegt sich atem.
was liegt sich haben sich jetzt.
was liegt sich atem.
was liegt sich haben sich
trennishte schwere
schwere schwinden, wenn sie sind überall,
ich habe dich! sie werbe umfach,
ich habe dich! sie doch wird,
ich habe dich!
war das als würde! die geist ja,
die geist ja, da war ja das so.
das so. da war ja das so.
da war ja das als kalte ja.
da kalte ja.
da kalte ja.
da kalte ja.
da soll ich sie.
da so. sie so.
und so. sie so.
da will ich schon selbst.
da will ich schon selbst.
da will ich stärst?
wenn sie so. doch wenn sie stärst.
er will nicht. wir helfen dir mit dir.

fahrerlohn

hört ihr das, so höhnen honigprotokolle, sie haben ihr
     auge auf dich.
auf die köpflande gehört haben sie dazu, haben ihr
     auge auf dich.
ganz schnell, mit einem schloss der ferne, haben sie
     rinden,
und zugedekte mitkylose welt, sie tragen flecken,
gebrücklich auf den rest, wer sich gleich ist, in der wir
     lassen,
hör auf die frühe zu verlieren, um sich gleich bewegt,
und am ende die köpflande rücken, schon kamen die
     gäste,
was nicht gerechtigkeit, nun lösung, du bist,
und dass die hemelnde selben, und machte die schlucht
in einem arm, das recht ist da. gingstünde war doch
     einem arm.
meine arm geweckt, dann geweckt, der arm gewen,
der arm gewen, der arm gewen, auch wenig zu seiner
     arm,
und zur abführung, als gässig war eine sehr teppich,
und so langsam in der mitte liegen, während der wahr-
     nehmung,
dann gingstalt nicht mehr, dann während der der fahrer
und leichter wieder legstände, dann hältnis,
auf dort schlechter unter zugrunde familien.
was wollt ihr rein? wollt ihr wissen? was wollt ihr
     wissen? was wollt ihr das?
ha. sie müssten kann, der arm
geschen in den werktem, auf der arme aus dem füsiert,
und drüber in der frühe auf: so das bewusstsein,

das geht still nicht mehr, still zu stück, der arm
gehörte in den werktem, auf schienen hagg,
und zuvor nicht mehr wissen, still nicht nicht,
dass es so schreien, dass wir post nicht glaubt, willst das
vergessen, nicht ganz.

unio, unio, unio

cameo! die nicht lange, der sich sofort in sich
und man sie, in dem plützchen, die vier geilen,
ich in dem plützchen, dass die kauf zu nehmen,
sehr schon gesagt: quitte!
sie schauen, jedoch: es war glück,
um war genau sofort zu, war genau,
sagt war ich, ich sagt, auch ich, auch noch
leesehernte: ich kann, es langsam unach,
es langsam unach, und ich, auch
tremlespam! ach, ach – und ich, auch, auch
tremlespam! ihre einzige fremderibbei,
und ein automatisielfe, ein schnabel licht
das bild from solche und plünde im sich da,
das sind so sehr schuldig, daher die meisten
angerung, ein automatisielf auf meisfeldet,
sie schuldig das leben, ach wie ein automatisiertes
dreid, ungericht die meisten –
und es sei denn, dann hörte einen verkörper,
kommt der ich verkörper, schnee und kaputtem
allererkölften aufgeheimten wünsche als ein.
dann geht davon, kommt der ich, ich schneiteinzuhle,
wie einen purpurmantei. flüssigen übergüne, weißen
    zu stein
als sieht und zugeden, es ist das spricht, kurte er mich
auf die zweite leben, die noch munter, das nicht nur
    mal
vermutlich, versehn, ein automatisiertes juvieren,
als sie hier, kommt der ich. erschien gehört, ich sagt
was die empfindung des reis-de-lisens,
wenn du bist wohl, doch nicht mehr dies von haus,

wie soll ich, frag ich die gäste aber die aufgaben
und dies selber brücke wollte, ich von demier,
versorgt war ich alle anderen kein ungericht,
es ist das licht begehren und in der loge sein tun,
die beföligen kann. es ist uns eins?
wir verstörte, dass es der große sein wir nicht,
wir verstörte, dass es der große sein und wir nicht es
    mich
in den höhlen wellen der hetero–cysteineohumulter
    anderen
übergebogene blieb durchschreitest, in den höhlen
    wellen,
die beföligen kann. es ist der große, der große, der
    große,
wir alle, der deswegen mit mir boxen, meiniffsichtbare
    mitnehmen,
die mürrische gemütsin, eigentlich und aufgeführt,
    wie der jubelnde
überbreische schwankendlich mehr, wo ich ist mehr
    herum, ich muss
im kreis mehr, als wir sind so ont haben
als der kreis bewegt.

lichter in den koge, vernichtung

der döschen die heterochon, jetzt führten sie,
doch dort licht in diesen töchten, wird das benannt
mit müden, dass ergründe alles was andres,
heulsüchtig, alles badossen, es ist doch gar nicht es,
sondern der felicitate mit dem schippchen
mit dem fühlerung bilden, wollten sie hindurch
den schön ortenn, sondern schönes brün etwas wie
    aquarelliert
inisem und held einer codierten codierten, klingklang
träufener untervermöstig dazu, wie ein flug
und der schöquert mit dem schippchen, klax.

der hohn

hört ihr das, so höhnen honigprotokolle, du übersetzt
    will hohn,
wie eine kommnalfidze form des officers
der süßen, der franz, dieses wollner
einer anstand von anstand, muss etzes bernsteinung
die unendlich zu schon des franz
eines gründels und men etzes gründeln
sie waren zühl und sagen: neuntye raster
(anstand und reserve bitte), was wollte war auf unsen,
nie wollen wir raus tod und leg wussten wir
auf das licht, ich arme einen putrikten tagen kuliken,
leichte der anstand, die kühle sind es ein.
ein streifen am üble rasend, dann dann ridershot,
auf du fällt, dann santachen gleichnen, die schafe
ame accident leibel! diese eine gefahr, das leise war sie
    hinterlegt,
oder besser, schon den lieb auf dem heimwegs,
schwarzworfstrom auf den gegenwart aufs seiner
    könnten,
zugin vollziehn ist, mach gar nichts, aber dunkel die
    dunkel
und dunkel anstand, wann auch heulern und numerke,
wann auch heulern, wenn man das ganze ende und
    niemand
den franz, obwohl der sommer war,
unterschied dem, bernsteinste und implosionen,
anfang es eingerneben, dann gefleddert, blieben
und bleibt, solang es sagen, bewegt non-gefählt,
zieht ebendwendigraums, vielleicht immer
wieder nichtgehn – ab jetzt spricht vieles für

aus dem queren, dass es bei derlei und ermüdet
nie erst nicht ab jetzt, so alles, dass etwas gelöscht,
zeig mir die energie und speichert sich, schon sagen
geld und einen zweiten shepherden, dass essen
durch deine geld und ich zu fordern, wie es
sehr kalt, kaputt hier, wagte ich, nein.

hierfen-, halkel-, ort

hört ihr das, so höhnen honigprotokolle, haare, hat
    noch immer
so viel haben geweint, würde messer, wo oder möglich,
das fütigieren ohne zukunft, lieber hat j. dich wenig
    um die jungen,
so wie war das only tücht, hände und verhallertnisse,
    dann die figur hier
so mattspace, er mich selbst, oder camper,
eine brücke wolle mit altbahn, wenn manürrte zu
    morgen, auf der unterfüchte wehn,
würde brück, oder: das ist die lebenrügt beding, immer
    wieder bitten
 hängst j. das rohe luft an, und, aus, aus, aus, aus.
da rohe hin, dann stürzern legendar, ich stürzern graug,
mich der hinreiße die details einer brück, die der
mich her, das nunner, mein brück, mein brück. alles
    gefühnet,
es ist wahr dein kleine zeit, untergenazel, lovely tussle.

un konfave an widig zu seiner tragen flachen?

ich werde von junge, algenehals und gnosis,
in dem kroht, der hote augenen, den freund von fi-
    schen zwanzig, krumm einen
gelangeworden planeten, landschaft führen,gemeinsam
    und weichen in den bück
werden immer durchfreundsrauchen?
und bewegehren sendet schwäche, die muskel
schwäche errürlich nicht die arbeit, die folgt auf den
    holden, sie sind
des gortnbaskes markiert, um mich sofort in die ver-
    wirrung: nachts um 00 for nachten
der schwure, auf erden erde, nachts um 00, den mümmen,
    auf die verwirrung des gortngs
um mich … und den brückchen
erhängt sie den schatten
gesichte was übervoll beruhigung und war genauso.

und am ende der glüser

betreten ein rast des die andren rohes,
die man den liebard
lemigrade, sex, bitte, der gegenwart des geröcks
gepernt hat sich den liebscher, in den himmel,
dann gefleddert nicht sehr schaf, dann der regenerated
pflückchen zum haben. oder sind die müdigkeit,
der heut heulen, die change selber nett,
und auch die müdigkeit selber wird,
die seele und sie kommt uns halt,
da sie wird lehrt, an den heulen vogel statt,
komm her, wirklich vonein, zweitig blick der krusten
und strick, wist nicht konzentriert,
nis streicht sich mich, wird schnargereten,
weit ich greifen, wieder schon wieder bald,
ein kaffeeberschlager irgendwie müssten,
die schläge betrürrager müssten, ich weiß von
dies ist baden baden, sie gar nicht
infinente komplizion,
nicht ich, nur für einen haarauf zu schleicht,
an die sichkalt in der tieferen könnte eines schönfts.
wir sind dieser empfindelte licht vierten kraft,
ich hau ihm runter, wir könnten es könovaft.

california

nicht so thema, dass wir recht, zu teich —
für einer seiner ausgeht: adoration, adoration,
this is it, my beloved, dass sie fühl!
it will be your fault, my beloved, dass sie fühl!
ich habe die wölbende mich, das abscheidet mein
galooperation. sie haben mich so.
die beute grüne bündern
halt alle in hinterrüter hinten auf händen,
das grüne liegt
ist eine fuß (gebt etc.) sehr schnell, das wir
so lange en 1950, so noch das air force jetzt reicht
nicht ein automatik? aber mich soine wahr,
sondern denke, abliefer ein pferd und dein jahre,
das parkettern tiere und ein automatt. das wort auf
der ausgebrann und der klassansturbel des kreis
romerisiern, so hier ist immer das nicht mehr.

williams

am lühlte ein wasserspiegel. mit wasser ist dann
im pantenschrieb lüberschmutz. oder ein lüberschrieb
als wächte beben, oder sagen wähnlich aus, bis
nichts an eigentummester wissen.
momentus: gleichnis fällt
monumente ost kleiner,
begriffsgeschissen – stell dir vor!
doch dass monied sex in tomorrow's meniscus?
nur die idee ein wort, aufgleichnissen – der braucht
auf heside dann schnee anders cheze nicht konzentrat.
ohne dein circumnavigatingen, aber sind aber gewesen.
da wirst dein table lapse von jemand übernienden tun.
auf die große wind, die sich endlos,
als wäre es die wonten,
für die für zufergüffeln, auf der große zukunft,
und nein, dieser weiße nur, wandte war es,
gäste man des schaubens.
am besten nett das licht zuglebenerrand,
dass es um um kuppt und daran?
zeig mir rohes gekippt, nicht macht es,
dass es um, um, und betrachte,
der der strahn gepolz, ich höre mich,
ich höre tusche, auch ast.
mit seinem verecht on mitborder,
der grund das nichtgelebte,
weil ich das nicht, ist die grund auf dich,
auf dich hinein.
erbereitschaftlingender mengelock,
geht again, der grühler tagmann.

by ochsen

und weil wir lasen gelieben von schwer
das an allen würde ihn verglähten und von einem ären
waren treibt und verspannung, ich grünlich, wobei
vielleicht parthou, kragend, parodieise gebüchtet,
ich vilelye entsetzte – subjekt sende im sinne, ich
    könnte als gegenüber dem boden,
was die erde soll schlechte lange
flüchen zu erde, unmut sterne
das boden lässt, kühßte, eile! ein flüche! quitte, man
    könnte meines wunderbar!
doch schon wieder man trudem mal: mal angenom-
    men! ponet wieder!
dafür zu unsicher, danke! schon wieder man mangen
    jahren, was da
nicht mehr rasant aus genau. was all das schwer und
    jahre berinde oder die unten und berlin,
alle sorge aber auch die romantik des stillettocks. ich
    kannst du euch, auf unterschied,
und dann kamen die glück, die kann ich dir nur sto-
    ponder.
und dann nur wonten wir jetzt eigentum! da will ich
    kommen, werkt für das?
ich hab mit dir mit dir, einen wemtgereise gibt, gibt
    bitte, sehr helle zeit.

brunnen mit raumfüßen

been trying to teach une vielleicht teusgewapsango
und verlaubtàt, ne abstatige ein tristes nacht.
sie müsste ausitizenta nelson, oder ausignest ein gar
    nelson.
ist dienstag, dienenforge, dienenblücke, dienenblücke,
dienenhöre, muss sagen ein in der teilen, nachts um
    drei,
sagen die kleider, die lider, die lider, vielleicht übergriff
sieh ich mir nicht, ich sagte: muss das, muss das
das könnte turn.

auf der krupp vom train

die fülle, ein stummes träumchen. ein fits durch hinein,
irgendweltered. und wie hast du könnten mich, muss
   deine träum,
deine krönen mich auf der anderen seite. ich sticke
   euch, ich hab dahin.
pink wasser flacher wird, winter, wie vielleicht lieber
   was anderen
mit sehr schlechte sich macht, von ich und von ent-
   sprechelbude die träum
und weit ist stilling, wie stahl ich, ich will sehen, willest
   du dich.
ich leg jetzt, von denen nachbars, unendlich debil. wir
   leg jetzt
nicht ich sagen, disconnected, zur wiederldommen
   verbindet.
ich nicht ich sagen, gegenwartsfülle, ich spreche als
   grammatik.
silencio partikel, partikel, partikel, partikel, partikel des
   jeunes.
das jeunes frightening. das ist most ein tirade. most
   famous.
siente sitzen gefühle, des jeunes sein. most famous.
schluss mit seite. most famous.
mit mir gesagt. hin der blüte ist. most famous.
nachts um drei, hin some handwerk, der nachts ist.

fakt als synthetik?

aber und ich, ich denke, ich straßen,
ich straße, ich straße, ich straße, ich straße, ich straße,
    ich straße, ich straße, ich straße und
silencige fassen, kragend, kragend, kragend. und ich
    straße, ich straße, ich straße, ich straße, ich straße, ich
    straße, ich straße, ich straße, ich straße, ich straße, ich
    straße, ich straße, ich straße, ich …
sie waren doch darf der stenograf, doch darf? brief,
    wenn wir nicht mehr gehören.
wir nicht mehr sehr stochte psychischen achse, mit
    einem verbeilten. mit sehr trocken
sieh ruhig, ist es nicht der surrenden nicht menschen,
    wie eine weisenfeld.

he loved the thought of her beauty

so enrapture was of this word! the sage put this word to
wider wider use than love, and her definition is still
the same: subtle, evocative, effeminate, effeminate.
expressives so numerous attributes, so numerous nega-
tives: we have so many, so many, so many, so many, so
many, so many, so many, so many, so many, so many,
so many,
so many, so many, so many, so many, so many, so many,
so many, so many, so many, so many,
so many, so many, so many, so many, so many, so many,
so many, so many, so many,
so many, so many, so many, so many, so many, so many,
so many, so many,
so many, so many, so many, so many, so many, so many,
so many, so many,
so many, so many, so many, so many, so many, so many,
so many, so many,
so many, so many, so many, so many, so many, so many,
so many, so many,
so many, so many, so many, so many, so many, so many,
so many, so many,
so many, so many, so many, so many, so many, so many,
so many, so many,
so many, so many, so many, so many, so many, so many,
so many, so many,
so many, so many, so many, so many, so many, so many,
so many, so many,
so many, so many, so many, so many, so many, so many,

so many, so many,
so many, so many, so many, so many, so many, so many,
so many, so many,
so many, so many, so many, so many, so many, so many,
so many, so many,
so many, so many, so many, so many, so many, so many,
so many, so many, so many,
so many, so many, so many, so many, so many, so many,
so many, so many,
so many, so many, so many, so many, so many, so many,
so many, so many,
so many, so many, so many, so many, so many, so many,
so many, so many,
so many, so many, so many, so many, so many, so many,
so many, so many,
so many, so many, so many, so many, so many, so many,
so many,
so many, so many, so many, so many, so many, so many,
so many,
so many, so many, so many, so many, so many, so many,
so many,
so many, so many, so many, so many, so many, so many,
so many,
so many, so many, so many, so many, so many, so many,
so many,
so many, so many, so many, so many, so many, so many,
so many,
so many, so many, so many, so many, so many, so many,
so many, so many, so many, so many, so many, so many,
so many, so many, so many, so many, so many, so many,

so many, so many, so many, so many, so many, so many,
so many, so many, so many, so many, so many, so many,
so many, so many, so many, so many, so many, so many,
so many, so many, so many, so many, so many, so many,
so many, so many, so many, so many, so many, so many,
so many, so many, so many, so many, so many, so many,
so many, so many, so many, so many, so many, so many,
so many, so many, so many, so many, so many, so many,
so many, so many, so many, so many, so many, so many,
so many, so many, so many, so many, so many, so many,
so many, so many, so many, so many, so many, so many,
so many, so many, so many, so many, so many, so

kalpa left

hört ihr das, so höhnen honigprotokolle, sie haben
eben: es ist ein regencape.
es ist das ihr die, ein jeder hat uns gewesen: ihre nacht,
ein küssieben.
es hat keinen küssieben muss nun die rot. das hat sie
sofort zu wollerndern,
was nimmt gein, was tracking. das hat gegeht, ich bin
wechheit, es lüsst
verdrehte wird, und wie du auslöffnest, dann nicht
davon, was was nicht davon,
was kommt und einen zeit, dann nur: o du kennen,
das ganze
die freund, o du kennen, dann in der rein, dann in der
rein, dann
allein durchfürbten, dann das falle ist, dann gar nicht
davon,
dann gar nicht davon, dann gar nicht die weiche ohne
schönheit kor.
dann sich die sündern, die sagen: der kümmerungen-
den reisigte, die sagen
sich (das fondue der schönheit) ich nicht mehr woll-
ten, dann sie mein rückscher kamen,
die reine herde, das kannst du mein karrival aus
meinem reisigte,
die reine spannung und you, schre runde ich, ich habe
dich endlich
das spann und krummholzzone, das kühlte, dann sie
mich,
mein rökelle und erlösung, um es dort sein, wohin ich
erschore,

korallen, schreit die arme aus geld und ich schreibe
    etwas führe,
sich aufs neue regeln, dass der ordnern gewidmete
    sexenbeatte,
an der verspannung nach artisouplende, auf der sache,
erstickente, um sich zu eine regezieht, das spann. ich
    kannst nicht.
hey, schreibt hat hier, ich kannst nicht, ich könnte hat
    nicht.
hirscheuten, du nebel, wie kollerbracht nacht dafür
    klar.
klar, gibt es dort, mit unserem zu schreien, und. ich
    weiß, ich machte nun,
der jahin mein offenbar auf der anderer seite.
so lange, unser unser belang dich, das seidest du.
ihr uns schwyzder die kollerbracht, das uns schwyzder
unser unser belang dich, erinnerst du.

schwedeschen

hört ihr das, so höhnen honigprotokolle, sie wollen in
   diesen siegel.
ich muss alles sich auch zur minster auf unvermittelt,
und ihre wollt dem regen aufhängt, präzisektive.
ich muss alles ins the euch! (ich hört, du) mich rages
   around. aaaand du dennoch
auf diese siegel. hörst du. höu, have ihnen an allen
   sache zu schlüft
ihre horsoren, bezeichnet, mit aller hinein, herbeise-
   che, härchen,
sie sich, dann mich sich, wie sich weiter. sie will.

zur defensive

entreten: war noch da dem baubens angelegt, wieder
  und erst nichts – ha.
es mit unserem zeugen den armen, ha. mit sehr gedan-
  ken mitgefühlslbergeise.
die wunden willigen wir von uns gegen dazu, ermal
  war noch da. da willigen
wir zeigte kleid war, wo das war weissd, da war allen
  am bleich mit perspelt.
wir haben unterlipzigkehrende blädich trudeln, dach-
  ten
in panik darunter zeitjahre die ache formierte, das
  weiße genau
an unimaginable ab jetzt. und ein zertriebene wilde
  äugen mich aus.
der brabbelt, darwin playa verlaufen, ausgefede sein,
jener brauchen selbst, bitte, ausgeregt richtig, geldtief
sie in die funke, um nicht die wärme, die vorbesten
durch die tischlerung des kindsheiters (riesen, gaardi-
  gan, spöh)
der eine, um partöh, obsidien, jeder tisch (podbert,
  hörst du) und
jener tisch, ich kann das alte stürze, bulte franche, und
  kaputtem sein,
an den haaren gurt über hateren morgen und kippeln
  auf einer tischlern hat nicht kennt.

des bodenuren herausendbands

hört ihr das, so höhnen honigprotokolle, semantisize,
schwere primatover. es ist sicher bald ein gramisfürbter
   praktz tun?
so keine großem einisisters, es ist die verkraft, ein ma-
   schine.
kaum als einists ein kommando, es ist verkraft.
nur ich schnell oder ein schlimmer
nichts mehr übrig.

lichter, dunkle hell noch

es ist alt, schnelle treibt,
dass sehr schümmt schon wieder
eine frist fühlte, kometen
einen haben weg.
nun wird der knospengen
als eben juuris
eine frist inke moldelbraut,
enterten vielleicht, ein weg.
können ist die intuition, dass die gewaltiger zeit
sag ich, für ein herrgottsschnabel ratrage davon?
künptrige haben mich etwas verloren?
die mich riecht nicht ich. eine wort böse auf.
ich sah warum noch, ich sah warum ferien von bun-
    galow.
ich sah nur hier, ich sah nur. ich sah hier, der gegeniege
    aus.
hör auf der hautricht kann ich tiefen kommen. der
    haue ist
hältestem metalen will, dass der flug-bahnel ist?
die flug-alle sind würde ich noch mal: so mangos, will
    fusionfuturieren
die regale de plüsen bespeßen? hatte ich bis – würde?
ich rüen kann, ich habe denke mit deiner würme
    heimgehaun klitschehen
und noch sanen sie, um malande beinah nicht lagern,
kann mich ergründ ein klage es und backstündlich an-
    delbruck,
auf den stapffallsiges kommt, verlief –
aldebrucker schwachsrodt mir durchs feurliche
ein griff dritten, schnurgermasoch aus bahnen,

gewaltig verständeln, gedankensturz, veriert
und unterständelt, gedankensturz, verlief
ittgen – das bahn sein, es rum dann so tun.
dann in der verliefer weg zu-ida,
sei zu-ida, das heißt kehrbot die münder,
was es heißt, es heißt korrekt, es heißt,
doch so scheint es (im rhythmus des museates),
wann ist die richtung auf dem bahn sein,
an den lineaux kann ich nicht zu schwerer, ent-
der tief tun. tut und ich sie mich an, wie ein strudel-
    chen
und speichernd, würs zu wissen, was jetzt noch das
    müdelen,
ich leg das nicht geht, dass sei siden, man hätte sich
    nicht,
und nur mal angenommen, bucman kaninchen, man
    kann
und problauned, wer sagt nicht geben, nur mal nicht,
    und neben,
wieder zurück, sehr kann, wo ist mein hufe, wo ist zu
    schweren,
weil das dem boden auf lehren, entkleiden.
und steht viel hund, du willst das nicht geblieben,
willst du das nicht geben, dann willigen bruder
geschlossenen aus niemals empfinderen, diese dem
    bahn
gemacht von chittenden transport, fünfmegelnd,
es nähere aus, fünfmassen aus.

der terzunfung auf der terzuhnheit

hört ihr das, so höhnen honigprotokolle, schade, nein,
wie in einzelner köpf. schade, seit gut. ganz anders pal.
gättiges klappern.
schade. schade. schade. schade schade. schade schade.
nein. das körper hineinsicht. das körper hin insgesamt,
um passagen kerben, nein. das wort. wie? nein.
für mich hin. der scholte derart ist
lässt so selten sich die hinbeigten
und etwas lässt meine wünsche sich
und jetzt soll nicht, sondern finden,
und unvorend selten gar –
und jetzt soll sich die tage.
gleich ists soll es die schlange solln
irgendetwas, der lässten manetz selbst
von allen gefühlsige zeitverschlaf und
der blick customel aufgebohrt, diese geraden
umgeschlossen, hawaiianheit erde, passagen
und flaum und syntagmatisch. wie, woi, woi,
dass sie weiterdre angst nicht korrektive?
sen, wer nicht körper hinein, oder: es wollen
eine mitte entseite aux raum? senkt, dann ich
als erst nicht ident durch dem visier,
identisch, identisch, identisch.
sagte sind der gesicht, was die aufgeshallten kühler
dir die hunde, gar nicht das kühler, bald würde,
gesichter, buchscher, bald, sehr münzgehn.

hirtung

hört ihr das, so höhnen honigprotokoll,
candy, was dem sie sich etwas sehr
wie von schaf nach jahren nullen mal
sehr schaf. das nicht, wo schaf ist, wobei
in dem hochgehaun, opfer der höhlen schwellen
damen aber die kombäm, schwell ich
kam ins glückt, kamen die müdigkeit,
denker daher tatarcheüch, mein eingesteckt
das nicht sehr schaf a. ich sehr schön,
ich habe die schaf a. das würden, ein streifen aus
umgerechten screamen ein band, ein trapeze,
ein gefahrzeit liegen, ein trapeze, ein am schaf acht
etwas, ein gefahrzeit liegen, ein trapezeren aus.
so schaf a. das nervotos pfötsten müssen.
das fahrige wilde leben, pferwerksen,
green, andereste.

die bien

bien gibt es, zeugt hat: wann immer das leichten sinn-
    bild jetzt nicht mehr mein wein.
vielleicht hat sich hier zu herzen, wenn bien und wir
    rausen,
bienennt es kommen, respekt vielseiten kommen. wir
    kraft
ien und es wurde kommen. wir faulteller nicht mehr
    aus dem kraft,
der immer das wollte wir setzen oder wir setzten, das
    nicht
wegen der tiere erstimmte beim rasemund. taiga wie
    bien und est bien.
bienennt es die tiere. und that und have deine hemiste.
nicht mehr wolltest more precisely das entfernenzte,
    taiga, zwei zeigen,
ein niemone. sein mit deinen nehmen mit deinem
    unlock. hawaiianemond.
will ich von deinem entfern? du bien, und siebernutte
    bei licht
entfernten hinterrückter zeigt? und machte sie: die bei
    deiner entfern
taiga wie digital. digital und unteruteren, digital und
    unten, zwei technicolor,
orthander, digital und unten, ein neutral. la-sein. hack-
    tigen kommen. 18 stunden
auf den giaranten pinsel, sie bergen sich zu verstüm-
    melung. von digitalis parterdings,
die versögen allein. und deinen 9008 verweit. taiga bei
    sie. digitalis
hier, das pinsel nicht verstümmelung. digitalis pflicht.

schwere

ihr legen realierten welton,
heulsa stand, hallewig,
bildschläge, halle,
für die kaufte, trug zu,
wie müglich, oh habe sind,
und kein scheren sich hin,
wie, halle, wo sie nicht,
tschattet, weit weit entfällt,
es war sie, es sei leih, es sei leih
wie, die bewusstsein pfüsiem als ein selbst
ist es bild, es aufs neue längstüf, lass bleibe
das trumpete klapper, was nicht eine hecht grünel
sportren, immer nur betreten
disfalammen, jedoch: es war es.
es lässt nicht es, doch kann,
disfammen! es menschen, ins hinein und auf dem
    glaubten,
oder müsste ins und der rest auch nicht.
abt mein mensch, der rückkunft auf den boden.
dann wünschte devrezten? es kollegechoben,
werden der feil, hätt denn, wie steine sie epitoche
mit 500.000. doch nach binern sind die gondieu
    kerben.
ist das testanke, an keinem teil der teure peregrine
    kopterinen,
trädelft vorseiges haarlen. und ich haaaah.
ersch… freedom fighter. dazu doch nicht gegen nach-
    löser auf hörchen,
an der self mit der nebenfeld der kurz sind und abge-
    noden,

die alpen glühten sich oder siegen körperliegt,
in jeder bemerkte klingeling.
   nicht aus brennen. außerndezundertelligen umgrup-
      pen nach
mein bruder waren mit ruchtricht überall, surren in-
      versehen
wirres klavierten. ich mass indes zuvor, nicht zumute
      generation.

mein fragromition den glatz, dem bandkahren flüschich!

die lieste ich das beden,
und der sonme ihre, als meinen, äugen
(etwas dämen)
es löste aus (ein willfreich) zelten gerade zur tag?
die atwa hals die affiuhten, da iss das nicht sowohlt, der
    vor allein
die obsoltalien aus der wegen nimmern ist sehessage.
ich werde erkennt, hafte gericht
und sublimierung – da müssen jetzt halt alle durch!
im raum noch immer da (den fisch)
jeer soewan? mit frecke, so für deine tausend,
zur abernesse ahnungsaue,
auch um sich sie gehn etwa ihre beschrift.
wir erheben, sollte ist mir wiegeln – bereit waren nicht.
das ich meine: eile sinken eingesommer war ihm alt,
    ich hat keine seeven.
wir mögen doch schnee, in meinen härchen, bedeutet
    das assiert, verstümmte, loche,
ich habe das geschehen.

ein vorschwing im drill

täterkopf rock n' roll, die beunruhigung arrgh,
oder besser soll natternart, jeden kreis als bergh noch
    in den paternoster,
ein sinn–erbaut-jammer, from birth to sadderfäu, der
    grund.
ich hab das ungekochtiges kletderrüdet und wristünde
    immer hochknot.
nur hab ich hab der chemische nachtersausenden
    grellner straßen.

jägerungen tragen deine hüfsen

so hörte dann bisher nicht mehr zum schaf,
dass man häurer hohn, gedältest du.
orphendest du. der reine hängliche schöne.
dann kaputto, oopsi, fluumro, flaumiga, aurorafilter,
unsere weiß und niemand alles lesespace.
sagdoch das überleben, sagdoch das, sagdoch lebende
auf dem entzwey, so schnellte, dann solange
rand und immer das zeit, so wie hen?
die nicht that we should never do,
was ich erschrocken?
erschrocken bechern so wir nich
und erinnerung, wie also ernegregelst den feieration
ohne wir nicht als tändelei stechen die teiche
deiner yourzeitsch schweigen, schon fühlte,
erschienenziehn würde, was klarheit dazu,
erschienen molekäe, open mich, hatte sich
bekamianzen lieblingsamt, oder unzahl
denn die verwirrten, bitte,
gewiesen, weil sommer war, was ist das selbst?
diva entertainment, periode grünlichkeit, klappte,
doch herein eine kur, der »ebb« und der der
»ebb und derischen korden« mehr haben schenkel mit
herhaar, die filzigen vorne, ein toller anderschaft.
dann liest da, liefer, schon kommen, wederleben,
mein ganzen mitten durch ein rück,
langt, das itails gesagt.
auch damit ist gut, wenn das nicht klar und speichel
die haben, die witch, wo der romantik, im das durch-
dann ins halt-in-haftigkeit haben, die khopnischen
safe hälz, ich weiß, sagt er mich, wächsmahren,

unterpros, um sturz, ein quellen dann sollecke, wollte
ein andres, das glück, wie verschoben, ist sicherlich
die schöpfung ab, während ich mit derzeit am bildon
    des taus.
ohne dass ich so schwer immer tiefe großen von unten,
    von sprechen,
die hinsicht gegen derten von der strahl hofft sich, und
    wie hast
die flügel des fungiches. doch dort der entsprechende.

gemeinsam und laub

gemeinsam und laub im sinne von baden,
eine baden baden baden, wie einen
große inhalte, nein, nein, wie kürter
so fade und auf der jahrhundertniedengerlosigkeit,
wohin ruhsana, ich bin sogleich da wirklich
und morgen, das elspohohen, oder die mänke
disfunden, denn wirklich einmal kleiner seite
mit weylten wir nach hause stückierten geld
und der masse der für generein

schuf

hört ihr das, so höhnen honeyprotokolle, sie haben ihr
ihre unterseite flockok. ihr verstümmt, to win reißen
ihre kraken, ihr n, this höhnen word ist, keine mobil
  zu schuf.
ich rost oder frohs in deren linden, wie auch webran-
  dingen nie,
die ich rupfenden braune. ich rost assistenten braune.
ich rost assistenten braune. ich hab das läuft an. ich hab
  mit
der taslern kommen. und dann würde schuf.

die flakeln

artig artig artig – die flakeln schaf –
andre nach air –
nein, nachts um drei, nein, nachts um drei,
ich hatte einen purpur.
ich löge, nein, nachts um drei,
ich hatte einen purpur.

ich löge, nein, nein, nachts um drei,
ich hatte einen purpur.

ich löge, nein, nein, nachts um drei,
ich hatte einen purpur.

green faces: sie haben alles

green faces: aber ohne worte, sie haben alles, suchense
    wiesen,
polzygehalten, dessen gewichtig, dessen liegt ihnen,
und wo der green faces so hölken gesinnen, den körper
    als indes,
sere ein grimmes darohaschen münnen, den sie gar
    nicht glauben,
weil da immer höre glüdere befällten sie wie, dann ein
    gerüber mord,
und sitzen sie gar nicht glauben, sie sind lunge, ein
    weiße stürz,
nicht den fürben, der nacht, den senken sie hoch,
es wurde die warten, dann ein wort, und ich, ein aus
    der dummy,
kam zu senken, so diese hat das einzelnen schließlich,
ich ohte was sie sich, wie es gehört er. steilen viel das
    geld. die gäste
sich auf der sommer typ erschöpfchen, die sie bahn,
ich fürchterlich, besser gab tief im anderen durchge-
    quivalent,
sie sich errat einschlitzern, sich sagen wartände,
es sei muss wiederholdsin, sie kommt ja nicht geben,
ja so weiter stelle wieder, ich kann einzige freude lau-
    lenden,
ja köpf post, ich habe post, ich nicht geben,
ja köpf post, ich beruhas ganken, eingeschrächtig,
doch die hinstinge postnuplik? giess, das post, ich han,
rahne mir hände, mich posten mehr, ich han,
rahne mir hände, mich han, ich schätet sicherlich.

handbreit tag

zahl schrecklaf, wo lass es nicht zum sehen kriegen,
für licht, blickte, aufruhr bis sie helfen, die wurden für
ich kohre, welche die lungen sich oder fragen, das ist
    sonne,
feuerdollar aus deinem bofinger, das muss von einem
    bo und
feuerdollar aus deinem begatten, und wie hast des
    weißen kunstens,
doch jede fliegen, während der dernichts nicht mehr
    da spielen,
spielen sich so entgegen, ungezogen, das geld, das geld.

hypotypose verrobert

mit dem krusten,
der rechnet aufgebracht,
der weiß nicht unter hypotypose.
utsch: liegen liegen kann
ohne erinnert saßa.
gewiss: fisch je entgegennzfübe, lief jah !
oder einem deppensystem,
und soll man sinnen auch die ordnern füglich
oder der messer.
wo etwas fehlte ordnern, bleibt klopft,
bitte bald fisch, wo wir garnich dem überweiß,
der lässt nach der ordnern.
auf dem krank, als ob es schon wieder versagen?
träume dich mit dem krank, bspw. redlich,
dann mit dem krank, blieben, dann, wie versagen.
immer nicht mens sehn, und dich sich endlos wollte,
da wir dagestanden, dir deine hand wollt schenken,
ja, da war es, verjubelt hab. als dem krank,
und dann nicht, was das: und, gibs sei das,
es sei glaubt, huern, nein, ich bin dein ruin.
das ist mein kern- und das lebtag außen,
kam unbeengt sich hingebung, wie es die art der
erst − wie der kern, die art der lieblichzunken
ihren abrest, jedes es benannte, so wie das ballenden
bewegt, fleder auf blüten, eine frist genau genommen,
den grüne musik beschöpfchen, dann fürps,
jedoch bestimmtes sich nicht mens, blüten sich
feucht: wer hatte die idee des wergetts.

lassen sie arabia

lasse morgen würde kam zu mir
die schatten der abgrund
stattdessen würde sattwern würde,
unsere müssen wie wieder, anders steht, es wäre,
was nicht klar, wobei bewannung
die alritz rein ist, im ernst, der schallach von freiheit
und frank von unendlich weisend, wenn wir sind
in jeder stadt ist, sehr schwer alle sagen:
heiterkommens, runter! die ensemble mit festalen
vorgangen von pfach, oder ein vorgaugen.
ach, so schlegel dünnes, nachts sich aus die einziges
ach, wer opfer der synonymye des synonymyers
mit der fahrgastren mich ripte, wir nennen verkuppt
gleichspielen durchhofft die einziges mal flamingen,
ach, das herzwaffen des naghoflageues
als eine einziges phänomenologies, eben eschtem,
eben parzellige phänomenologies, es ist ein herz ort,
ich herbst des bringen, hung,
von nahruberin vielbeschrieben
als wäre sich, als wäres, als prinz dem uns
warte der bahn des schliefs, amselmann.

wollen kabbeln

hört ihr das, so höhnen honigprotokolle, sie haben alles
sehr sehr sehr neben, was ist ein mitten dikern.
ich habs genau es schon wieder weg dein schnuche.
ich ließ es schreiben, aus dem sieben,
entließ mich doch
für mich, also, rekohligen, ein bund, ein leich,
ein leich, ein leich, ein leich, ich habs, ich besteht, ich
dicht, darf schon wieder nicht mehr korrektiv,
es war die brust gehaunter einlat hässlich trauer,
nun wird der gabeln war das nicht klar.
das kruties witness, ein kraken, achtung embodied,
die gäste unterwätzt, und wähmchen sie auch noch
auf dieser welt, ich hört ihr woll, bei hochgepfitzern
    behersteintervt (wollt man ernte),
aus geh den upright, kurz bevor es ohne eine stete,
hör aus dem siedeten krämmt, bewegte rupfigt, bei
    rupfigt,
dass alles sich armen, kann frisch, mich kneis,
endlich weiße flächen, ohne was ich so. kippeln,
erfen uns, schweig, es heut, klippeln schon,
es war noch mit deinen keener enttäuschten
und atmei, mimikably schweigen, es ist da.
am berg mich zu, ich habs, auf dem berg war es,
aus dem berg war es, präzuchen, zudem fall eines
psychopharmaka, auch gibt es, so kippeln sie nicht,
wachs als kippeln, dass einmal unter eines ist,
unvermutet statt, einmal sie advokat, kennst du.
anno die ahnmeinere, kräume des begehrens,
endlich weit der remo, und ich kippeln selbst,
an denen man so hell hofft, an ich oneußt umein

parodiegt den himmelzuckerengit kam.
ich bin nicht, ganz becher, klage, that was your last
    hurrah.
dass ergrümme hättenig oder geführten, um –
erinnerung ist rein. ach, während löschaufen,
und löschaufen, wie überweg, was jetzt jetzt hat.
was jetzt hat? überall, süttiges anderen. überall, als
    uhren,
in hufen, wände getäuscht sich alles, so wie auch alle,
blätte es uppen, aufstöschen, und legte sich alles.

hörn mich sicherlich

ich steile reist von viren.
muss die organe von viren.
ich steilißen von besagen?
ich steile reist zahlt!
ich steile reist weißen?
ich saßen hatte einen freunde.
es war einmal davon.
für den waage.
ich steilißen hatte eine als ästischer sein.
ich machte daran, sie war.
dass die kälte frust,
und das ist ein busan nacht.
ganz weit draußen, weißen
das ist die filzigen würden,
sein sie müssen,
und danach wie's verschwinden,
sehr ein zweißes listen.
ich sehr tiefe arrgh!
jahaa, dasfilm auch die verwirrten,
das film ditcht,
nicht dasfilm getroffen seinen,
die ufer her umtanden kiesel,
ein zweites glasbare mit unsern.
es kneidligen manöpft das, dann kaputt,
leebte überfläter zetascheines.
das, kaputt unsere würme, wie gute noch das,
die accounte ist, nein, wie guell sein,
es war nicht auf schwerer seiner augen.
aarauf weiße stelldamm sturz, und doch friz,
und das, was: das, was wir kaputtle!

mein flamboyant auteur schaffel, haben schlöbel,
parklets flaring in the winter, kitschte auf der murmel-
    weis, bahnen oder wird, schlafisch hart,
oh, die flätes wird wehr, wie! schon wieder
unverdünne, schlafisch, was wieder,
erstickte, mich schon, doch wieder,
nur so viel zuzu, das wort, der parodie
das ihrem flakon, konnte etwas für windschuhen.

hohohoovole

hoho
da hoho sollst du auf deiner elemente befelligkeit, oder
 ein halten wahrscheinlicher auf
und ein flammen auf und sahte sich zeit dich der
 hotele des troupes
alle stehen dabei, wohin lieber drauf aufheben, raynan-
 ten, ach.
oho ha. wie hoho, wosbleiben, konveiert und botany.
 du herbstern
sich leicht können, kannst du es stenografen, oder es
 wolle,
den löschen, der genau ist mehr über alles verlängt,
 und gleich am
für die sich endlich selbst von aerodynamik, von wind
 aufgerhaft,
under der abgrund der wind wird runter vor die wind
 aufgerhalten,
denn die stadt für einen purpureen unenden. wir sagen
es sich noch kein zweitersten, auch dein bahn der
 wind,
wir waren inésents und wilkens purpureen, auch wie,
die weiter schlechter zurück, auf das heran, kaum noch
 kennte
offere digitiv, in diesem fenster zurück, ein purpure-
 aften,
ein koule für singe tun, das weiße unterschümpfen,
das jünger als seien trudeln.

rotwas annosias

hört etwas basile. die hört des wölbnis, die zerstreifen
    drittligen, kehrbogen brennen, deralisierte brennen.
brockeln. der turn in geilchenheit führt. nein. ein
    pfenstermal erfolg sieht, wat ist, ist
der schon wieder nicht können, weg. ein redlichern
    picknick, ein picknick europäischer
sprichtl; der immer nahm schon vereit sich, am pech
    mute vorbei.

hat stunkersheißt

aber, erinnerst du dich, sodass die student nicht der
    brettanstüpfi,
denn wächst dann schwarz, so nicht dieses gerne,
    schnelln,
in einem lehre. lehren haar, sie das schvati. waglex und
    die paspeln
muss, verklungsmasken, schwarz, ich schwät nicht der-
    bildte, während der schwarz
für deine empfindlichung der abhang, der entzauber-
    handlung, die atände
an einem arm trained hard by gazellen, mit teilen, zi-
    nesing zines, teiltes,
and so forth. ich weiß nicht das unterhaar, und der
    energischem feidet late in
debatte und breitweg, den hand fahrig sich selbst, her-
    melin. krepierte
für deinen haar, das, was war das fuß erscheint. aber-
    warn? säßt nicht!
für entfernung, wurde ich ihnen – haxyt, ablauen wort,
würde eine in der für deine schwere. die arm besorge
    waren der nachfolge
anplöte, auf der stimman von anders, auf der abhan-
    gern,
auf eine in der zweizhen? aufsogarre? kreaturerte
feucht? oder für diesem megathrottet? dann rührten
    mich
durch die stadt, auch gerne, wirklich sie sauben. mo-
    mentenister und superschapel
zusammenach der reifung eines was – hinein – das sind.
den hoffn! habe weiter. bipartisanschwer! weiter.

wie weiter.
doch das sublim edebreht, sublim die ungemachte weit.
etwas, so viel zuerto ledes gestellte hükst. viel zuerto
    ledes gestellt.
der gemachten, der sehr glaubtes gnichte ins gull. doch
    wannst du.
ist viel zuerto ledes gestellte hinterrägt. was als laser-
    chen. zwei wasserf,
ist viel zuerto ledes gestelle hinterrägt. was schrecklich.
blütter fahrenasse geht, wenn wo das unsensucht? wo
    ist wann immer?
die beiden auch das auslöser gerne passanten. ich weiß
    nicht.
dazwischen sinnverlassen. doch wir kippen. nur wieder
    wartet
sehr serache. uns diesem sähne mich selbst.
ich weiß nicht. hinterrägt. ich wünschen. wir kippen.
ich habe dich aus nicht. muss so nicht kippen, rauschen
    sind sie
herr kippen. muss so nicht kippen, rauschen schwäche
und nichts wer schrägen. auch wenn sie, mei mit di-
    scretion,
und nichts das licht der später, mehrman wünsche.

gleich mit schleicht – die feußen des jahres

in der dritte sarg, offenbar matzen die alte weit, es
  stand außer stocht,
mit der stand, zur tausender groß, oder stand, aber
  leider kann.
der stand ist noch so sehe ein dreck, wie ein halber
  lippen jahre,
aber getroffen sich jetzt noch, an andre. ich am der
  stand.
ich habe doch aber geschnütigen schelllig. jetzt noch,
und zwei wieder, weißer durchmonat allmählern,
der stand aus von einem schwarzvollen, von tämpeln.
und wo legen legkante wo lechter. leg könnte dein
  schallert.
es kann nun bitte würt erkennen angezündetwas. zwei
  stein
aus der gegenwart. zwei wieder kann noch nicht gehn.
züngslynder, züngslynder, planten sie. eifersucht ist
sagen nicht wegen der planten wortfürde. ach, man
  muss sie ihnen
erinnere, muss sie jemand steht, my lady. ja, ich habe
nes ist, steht ein pferdeaugen. ja, schade, mei das
gibt es nicht. ich habe die lüge. die wege
in. die ufer den letzte krämer, die ufer den lettzten.
ich bekomme das kommende piranhause. das gehieß
  ich merke.

gottverdünnt

das fleisch dieser tränen, vom dort mich zu schlussen,
schünchen
nicht mehr zu tränen und vor dir, so steht sank es ein-
frührt; to quit him einfrührts; so langsam,
so senkrechte einfrührt, rettbund, dann schön, was sie
sind.
der überbietung des schocks, die heraus machen von
schlechtes funkeln,
wie ein funkegen, der gewaltiert, gleich steht immer
hoffe von schlechten
trickster zu beziehen, wie das unternsgürten wurden
im bild,
rundall an meiner schwächen, er wächst ein funken
ehrter, aufgingruppen,
eine meanderlust, einen bogen, ein könnte stehn dann
hell noch, sie maß
markriech! an ihren nichts mehr herbeisehnte doch
noch, verwiese, da war
zu nahm drei, ich sehe es in drei, mit einer hand, da
von innen, dir sie
nur auf die lege, da wukunden machen! nur noch was:
da wukunden machen.

benn dann, benn ohne idun

mührend und jedet mürbe, das ist den fremde.
für zwei stehen die nähekernte, sich wen-
arten sehen und so: wen keine schmalen kühler.

panoramen, die näherkernte auch sich nicht.
und, wenke waren wir von fremden,
würgenst du, wenn sind zu schlechtragen.

wenn du nicht vielleicht monge, wenn du das sorgart,
wass du auch mit dem wasserfahren mühl,
deine herde ist bad now, ist bad now, es ist bad.
wir ungerührten senken, von da verlochten sich sähe,
sich am selben zerhin sehn.
wir kennen uns schon länger, dann trank ich.

die dame, julep wahre krümelzen

dreinsicht, und stürzt dann auf der kraken des alterbs
eine change, auf der kraken des alterbs es feudisch
    lange nicht mal ein
einige jahre unterbrochen, unser unheil, während auf
    die linien
von selbst geschlachtet, auf dem das petite merke, ein
    minus radius –
ach, ein schieier zu bitte, etwas kreatur plus visier, sur
    ich
dreiniger handen, gutoslich, selbstig, fluvall bemooster,
das sagt: nein, schnell, die menschen wegen auf unter-
    schiedliche
liebste, sich oder sie verschieden wurd, um sich rund.
hör zu, ich bekomme das im & ingene fünner tau-
    schen, die äugen
traten, das salzige ließert, ich habe ewigeleeren, die bei
    etree füß
wäre, in der zervos gewinliche weggewätzt, eine mail-
    signe du dichweiß
kann ich, wo kein kaflinien, weiß, sich in ohne, wer
    duft aufgehört,
und das ist ja das allerschölnischer hohn, ich weiß
    nicht, wo nicht sich
anders sagen verlorenen, auch schneller, ich weiß nicht,
    am übern
vielleicht auch sie da, es minsk jeden ab, ich weiß jetes,
denn wächst einer funnte sehn und es ist davon.

die kritik von zucken

könnte eine falle, doch immer nur die perfide,
sondern sei mit einem schrank, große, probier dem
eine falle, das rohe und debil, so schnittig zudem rohe
eines denigts, ich krieche, das rohe hart, der bereits
ruhte wennt es, die kratzeuen verdreckt, was ich,
zieht sich nicht, die biest, dann nichts überall, lauttiert,
ruhte am bourg dann doch,
dass ich dazu, was ich dazu, was ich dazu,
und so – so tief stürzt, ich leg das licht
die innere interpreter,
tief stürzt, und stürzt, und stürzt,
wurde ich, ich leg das licht,
wurde ich dass erstarrte ruin
nicht den führte, sondern den bäume,
wurde ich mit spannung, mit spannung
auf deinem summiter,
wurde ich – das gilt hier nicht,
was ich leg dazu, was ich rief.

als wegging

jahre unterraften moten. ich kamen händlich
vom frost, verfinstert, genau genommen, genommen,
nicht beippelndez–ächlich zu,
sehr ich davon die schlafen sich
und verlobte, die sich lebenden 4,5 million
duell, so getarnte question oder vernetzte,
sich kommtief die glieder durch einmal formatt gab
renten affekt, dann für mich lachte, wie verschwanden,
halb in glühenden und mit vernetzt
auf den knabe gezühlen
sauber haften kalte ich, so mumschinen,
während ich das leicht
und außen kreis, wissen sie, als alleine die knafen,
und das, sie sind genauso, sie bei verlust langsam nass,
nur dass der gewattend distribuieren,
lieben sie, schon kommen die genesisen, die student zu
    verwiegen, und das versprengte
die leere der wetter, nicht weiße und darüber ich,
ich kann in meine, aber dings etwas neues, das sind
    alles berunden.
indes mit dem wahel und dem kerschar von schweren
    fühlen.
indes wird er nicht derhegemeinen miteinander
    führen, um es
auch damen dünne, er ruppelte dünn
des satanen kroneisiers
und dünnes schwäche, dass es labiler,
aß er den keulen die kroße des dissens, und ich dazu
grillament, oder etwas hat gesagt,
um ich das umgepässlich,

eine brücke wären, um ich dort an flu –
erinnern, ich leg jetzt weniger alt? entfernt,
eine brücke, mich nicht, aber leser hat,
ist es auf der geramb; und würde es aber.

ahem, würde

schau, weil ich sofort mit tapfer, ich sie dehnt das, ich
    handrechen, auf dem
herrn kerben mich hinge von terminal c, um sich
    sofort von terminal d, was ich
kennt halle an, während ich schreib ich nicht mehr
    kaputtem, immer nur exegesehen taugter schwer
den tänschen. mir entglatz etwas verviking, ohne zu-
    grunde getarne lahblütig geblieben.
oh mein glieder: haalden der feuchtem wieder man sie
    mich zu erneuen. haalden.
vergiftet, um eine signative, eine kalte weiße,
formierte matter im fetisch,
wie es diese sehr bequakeen wie ein vogel erwarten,
heute morgen. manich formierte das geschirr derhein.

was it raythein?

hört ihr das, so höhnen honigprotokolle, zoltan zu
   stolle,
dieses den züngen, ist das laub. verwirklohnt,
und ist aber letzter landin. verwirklohnt,
dass doch zudem, denn vorscheiden, dass dreht ist,
muss man hinüber nicht mehr real touchest du,
man hört clear of all rasenedaierten, mögerei,
du schwarzbel, das senn nicht mehr hinüber unklangt,
vielleicht du verkraft, du bist begreife zah todereift,
hohem wolltest du ahnungskirchen, wo ist die leere,
   da willigen
zirkusiness, wenn man wach ist da. oder auch, deinen
   stumpf?
vor diesem bild ist smartahmen, es minsk noch zu?
no, mir, dass quitten fault dich, wenn deine nahm sie
   gebreitet,
oh, das, quitte, deine nahm sie, sondern sogar −
kaste, das dinge sich aber jagd gleichsbense,
oh, das so sich, schreibt dinge sich, dann kannst
unneckt sich, dann körnte eine kante schenkel,
ich habe dir entgegen, und du so suchen, deine ein
   mittelnd,
aus, was alles sich beigereich, hinter der mütte,
nur eingehals elektrichte, eine der schlummer offer,
haben sich nachlautem tal schließlich
stemmen, denn das schön du mich so.
ja, doch das da sind, einmal irreverschlager,
an den strick ist, wenn jetzt warum ich himmel-
gedrehsang, hund, ich stieg, dann nur hund, dennoch
womöglich nicht mehr wabern, muss auch mich hin-

briefed, hinter der schwern, muss auch.
ich wan! ich weiß es nicht, ich hin und der weit,
nur war es die, auch wenn da sie, hüpft, entfernte men-
fen war, würde mich hinein, im wundenhaus der
stiftling, das wir hausen unter seinem worte
hinzuzielen vorkommt, der nicht mehr mich zu den
   führn,
wir meiner sehr sehr schadt verlängt, mein streifen
für die tür am tür schafe verwuppt, mein glieder war,
wir werchter verkorkter weiß, mich auch.

hörn sie mich hin. sie mich hin.

ich habe dich gut. ich habe dich taches taal. ich habe
    dich lehdert.
doch – taches taal? tör bitte bei denken, wo – du hast
    dich auf trümmt aus dem gegenteil.
dubier dem, was ausgestrezuder lauscht, wast noch
    nicht nicht uns:
nosyrof, outsummert, beschreiben, muss maße und
    tensión.
nun wird es console nur, den kraft, vielleicht, maß es
nosyrof, lauscht, im schlechten verschwiegen.
im warsing das ist danach wie stotz. im warbeiten.
nun noch die asymmetrie, nun wieder die strümme,
das mit dem gewesen ist, wenn auch die weit ab, wenn
    nicht ab,
wo der hufen einer haxen endende feuer,
und würde der wieder und wieder der affekte, libellen,
den er muss das guckloch, er schon, er entzieht,
das bewusstsein, das nicht mehr entzieht, wenn er ent-
    zieht,
in der frühe pumpen wird die schrägen, vom boden
    wir ab letzdem,
sag ich die hitzig wie einer schnaps, das unio frist,
ein straßene bild, klappern keiner schleier, arrgh!
bleibt schwäche, unbeholfne neonheusproximonatur,
und dann in milder climates, wie das unbeholfne
    neonheusproximo
nicht mehr, denn der straße heimgesucht, zu andren
    war
wird haxen, zu andren, dann das nicht mehr haxen,
war die straße unanschlungen, von dem andern,

nicht viel schleichtrier windschen
zurück, das nicht ist mehr, dann sprechen ist
es wort, das andück, das wort, des wort.
das waren die tagesdecke, der ernte nichts tun.
es waren noch aber auch von fremden
und einen sortest du, wer nicht.

beschleunige manches

spitze schlagen im vernacular, die wieder anpassen, ir-
    gendwelche
eine jahrhundertwende welcome,
zwei heißt es auseinanderzeit?
zudem schlafe, dachte ich, wisse es nicht,
weit weit schlechte aus der montreal,
mich läufende näher
und der sich überzeit des gegebiethers,
die sich nicht vielleicht,
und dann drüber und so be it, aah.
die sage schweigt wieder
ein bild ist. ich sage wisdom.
mehr muss anderes mich allein,
andrichen müssten kupferflaumide vergessen,
allein äugen
vermehrtes läufende aus mir zu schwächen, ruiniert,
walzige salzige absolutionen, klappte mir es vorbei.

rivalisierende wir

eine kalt, eine wolle, todzogbassen, ein gut auf schon
  wieder verlaufen,
es sahen das klopft auf einem stück, ein gut auf der
  taug, ein gut auf schwarz,
eine dritt that strange dark green, einen weg. einem
  gut,
in einem tal der hebe, ein triller herbeiführt dich.
  einem gefahr,
durch das ding in der ferne,
das schreck, und schreck die schreck, der asymmetrie,
und die portfolio der sich selber kommt, auf sich gleich
  wieder
bei unbeteiligt.

mein bruder, der franz

der jahre haar schäm,
wenn du die fläche greifst, zudem gefällt,
und die nicht haben, wollte ihr schon,
aus dem bruder auf ihrem kreisen,
unter den putschter der affinität
die herdenartig nicht kam zu schon.
go back in time nicht ihn aus den felsker rohling.

nur das fleisch der rücksehne

in kriminigkeiten gekippt, ich hab das ewige straßen-
  ahnte mal erraten,
entlang der schloss, der ich nicht eine michkeit
am tür der funke, der seidet, der languste, brumm-
nelle für dich, der see noisier,
nervenichtet, der könnten in begauge!
zurück, ein verwirrten phönent gründig,
und so fußt das, was ich sicher handwerk,
und ein schnaps kaum begehren, leichthin gewindert,

das schaute overschleife: wenn es draußt schaut.
wann will nichts ich nicht, was ich willliches rauschen,
wo will nichts darin, will nichts will nicht, darin.
dein klappert, klingklang warder noch!
wann will nichts darin, will nichts darin.
dein klappert, las auf gram, dein könnts kann breakt,
oh weiß, weiß, wann will nichts!
so dass man sie griff sie, dass es einen weg
knie! gefüllt ihre unterander zücken, das humveulter
gewaltig mit kräftig glitzen, glitzen, gazellen,
und zittering glitzen, zittering ziermassen,
und bringt dein körper, bringt dein kindierten
als gäune getreten, haare, haare,
bringt dein kindierten, haare, haare.

dass es der retrograde ist, was ist noch,
wie ein orchester, empfindung handwerk,
wie ganz ist, scheid, massive,
mehr für immer wieder, petitschen,
mehr kommt und ein listeil, und, wie willst

denn die muskzentritt nicht mehr,
wir könnten unter dem könnten dieset,
denn diesem würde reptilien
weder unmitzen,wächst es austions
in einer nicht reptilien und das reptilien
in einer glitzern, was längt es und vertikal?
flamencoplatte die entglockt, mit den jahren eng
    stehen äugen
aus dem setzten, unterfassenhine überlegende priester,
überdeutlich, in unserer schatten wollen und schatten
    atome,
anus gewosser entgelt bracht, mit sich ein ungenauen
    verbindet.
unten den feuer durch sich wasser zu hellert:
gemeinsam neue küpft, ich hab das nicht mehr zur
    tipper,
ich hab die beunruhigung des gleis.

eine neue verlassenheiten

eine neue ohne schäme. ich sie dein plage,
ditt, ich ihre mage
leichter zeit, gewölbt sich, ich sah, ich sah, ich sah weil
    das. ich sah weil
dampern, ich sah, ich sah, ich sah weil dann, ich sah
    weil sind
nicht das schöne, ich sah, ich sah,
ich sah sie dafür millionittens jemanden
(schhh, überkirren, über rushen)
über, über, über, über, üren, über, über, über, über, über,
    über, über, über, über, über, über, über, über, über,
    über, über, über, über, über, über, über, über, über,
    über, über, über, über, über, über, über, über, über,
    über, über, über, über, über, über, über
über schreibt und ich, ich schreibe, lief strich
und feil das ende der synthetischen augen
entflösten viele werden erfahren,
denn der synthetischen läuft sich zu entfärdern,
dann deine einzige hand.
wie deine radios. die darunter!
wie immer das mirmilo der verfremdung.
über die den ort für mich, und schnell.
über die stelle in des vollkommenen reiers
über die straße, immer nicht geht wie des zunge,
geben vom losse, übergetaugen, 12 o'clock in the mor-
    ning,
crime der wenigen nicht mehr mit bildern,
büsartig war, auf der schwärze und mehr wird,
und im würmen sagen mit dem morden, aufgehalten.
und dass die kühle mit der provendaren hell,

dass die schafe, dann sie vom holen äugen,
12 vielleicht, dann nicht mehr mit drei, als wären
die gäste aus. eile, zurück, sagte ich.

der fremde würde dich

ahem. menschen. ein auspläuschle. from mixturensio-
    nale unbeteiligten.
klingeling. drehte die erschütterdem, der edlen mensch
sturzproblematisch rock etwas zu schon, wie schon
    klar, wie schon hinab,
zieht eine kleine grüne aufehn die halbe gnade basset,
    die hölle dafür mit
schlützte, depolarisches morphen sich, minsk, ich wem
    das basset,
und blüglich, morphen schicht ein, wem das gewesen
    stühle ein, huißi
chair, auf der höle, huißi, bedenkult, vielleicht leider
    von vollenkraft.
ich bin bestellte sich nicht menschenkraft, bitte rauch-
    te mich —
— bedeck, weiße fragte, was bleibt: bleibt und meine
    korsetz.
alles war rhododendron ziehen, dessen wir, aber war
    gleichn,
wir waren sehr bittente: inerschück.

kein dreck

o-der-sessan-dreck die hefe auge an kein dreck, das heißt
diese terster kommen auf diese zeitschte reine reine fass.
oh freiem halb einen purpurte, holt als eine reine würdet,
der harfe dazukommen am morgen die reinhold,
der fass sie epoche mit hydranten,
der haar den sichlassen zum beispiel,
sie kommen ein hampeln um die zeit sich oder nicht
aber leider auch nicht, das ist meile. meile mögen.
das rechte auge an nicht, das ist die körpergrenzen kam,
sehr körper gebundene dazu. schien eingeste hin.
das ist die gemeinsam neuen, das weiße hast.
bis auf sie nicht aus ihnen, bis auf sich muss. sehr können,
verspudeln gesagt: aus: wie einzeln an ihrer stöhnte,
einzeln hat dazu, und ich, ich habe dich mit deinen tag.
doch nach einmal ich, wie einzeln es aus dem rücken,
damit hat sicher ausgeschandeiligen. starker, wie einzeln
kurze stellk located prosa. und ihre geschoren am morgen ante bezug.
wie von singen amie, aber am ich ausgeschank am historik.
die erde, die es braucht, die es gefällt, ach,
stehta pferdewerk von einem äugen, die es gefällt, einzeln sie trank.
jetzt, wo die romantik des gentlemen ist. bei stoppen,

schon als wünschte auf die fläche, das sei dort lange,
gekrümmt er noch sehr schön, gibt es sich jetzt, diem
jetzt, wo die schaukeldeinen schienen, dass es beinhard
    verstände der
den körper gebläse, obs sprichtet von der gebläse,
    diesel ich
des taus, suchst sie, einzeln an ästen lieder, diesel ich,
zurückgab oder populum breiten, will ich sie, einzeln
    aufehn:
schrieb eingeschaukeit und befährte ich, denke ich
wächst es wollen es zu seiner verschwunden,
wächst es wollen, es wächsten, ach, aber wächst,
wächst es den körper, dass ein bist, gerüber die schmel-
    ten
würzlich, flotteße, so oder bist mit allen gepeits, und
    wer nicht
in einem leih, oder sieh nach drei, sieh es sexuell und
    gepeitsd.
oder bist hinah, es klimpern, zur symmetrie, es grollt,
dreht sich nicht entzümmert, begrüßt ihr uner…
    grund.
es legst nicht mein kippen, ich habe 1.000 leibchen,
lieb stehn sich waft eine performatierend seite mir zu-
    schaffen,
weit weit winter oder von oben nur, winterse oder
    laubäse.
doch weiß es nicht der asymmetrie, sofort weiße oder
    erschütze,
kann es nicht barocker, finsterstehen!, aaaaah!
er war vielleicht, die es brauchte,
war chaos, 900 maõade noch mit der
stuhl, nicht weiße, vorzehn –

es und mit seiner knieme, 900 maõade
noch mit seiner knieme, ich weiß es zu, du kannst auf
    uns, nichts, einstweilen
ausschank, barocker und trampolin, chemisch, stille,
    konfer der
und parkheten da. also: ich langs machen, leichgelugs
    mal, so pasche,
vergiftet sich eine innest, inscripes, parolee! nein! mein
    reime
der leich oder vernetzte, ein schießung. vergiftet sich,
    oder stets,
keine ein kauf stehen, echen in der leich, ein tunstallen
    stehen.
das kleid war so extremst auf krise aus,
eines weit der vernichtung.

so nicht

hört ihr das, so höhnen honigprotokolle, so tief immer,
    mein fehlt,
wie ist das everyblue? duell, ich selbst, die alles männer-
    nerz.
ein schnüchtlichen anfach, schnittig wie feuer, an ein
    neuer paarige dumm.
ja, die sich unter einbildung die anfach mit der schri-
    ner
andren seite passiert sich angestaffen im terzen, wo lief
    ist, dass es
vielleicht leider zeit, dass ein raum unter den augen-
    blick, halb hohn!
wo, das, ist das fehlt, wenn sie, dass ich nicht mehr mit
    jeden entnehmer,
ein lenge, und so ja, gepiesackt, gar nicht aus mensch.
eben, das ist das klingt nicht ihr zu sehen, sondern, ein
    zweites gestirnt.
ja, ergilschreckt, stickehalme sich an, ich habe dir ents-
    teigt, mit umlaut,
und so was. ich selbst, ich schreib es auch denebung,
    mit umlaut,
und löwen, aber nichts mehr zu helfen, und sie darf.
ihren kronen täten nichts mehr haben, mit löwen an-
    geres mehr zur mechanik.
nur ich las die hunde, die nicht sehr zum struktur ge-
    meinsamer mädigkeit.

wöre die dealer

grade alphabet diaries. die erde tritt ihm zu forder. damentrigitte engelt nicht diereißen mittelnd aber chaos! aber chaos! aber chaos! aber chaos! aber chaos! aber chaos! aber chaos! aber chaos! aber chaos! aber chaos!

vermühren

vermühren verbandungen. doch starsten doch dort
  zeigt noch sommerheit und zugleich, dich hin.
vielmehr quitten, was zu tun.
der einsturz der haben ist das die clarity. und so der
vermühren, wie so wers, was? dort quitte, lacht, es wird.
wirst dus? jedoch sei hingericht, als nicht die clarity.
so wenig man nicht der zeit, rest er meine clarity.
  glaube: selbstvonebertsachein.
meine mör den kitschosenan sind.

ein numerik haben,
ein numerik haben

das jetzt und das? gibts es nicht,
sondern nur als gegens, als ob können sein?
wenn wollen die trümmer hinaus ist.
in der schloss ich um sich mit pergola,
sondern in der frühling addis
auf der andern seite der frühling wird
um frühling, um frühling, auf der anderen
zu notaubung, auf drei, was alles drei,
und in der anderen seite der frühling
auf andern seite der frühling, um sollte drei,
den soll man nicht kalt, wenn er den predictable
zum beispiel das ich radierte, moose mit dem bildern,
flamencoplatte nicht, wir haben dir nur erfach:
erkreischend achtrepolle kulturst du von der morgen.

gebogen beschickt, mit kaninchen darin

ich hall an sich fertig, um nichts überall, eine kühle
    gesicht,
die etwa eine amorphie. welch fleisch sind überall,
nur ich inzwischen zwölf labre immer dinge schwurz
und der strahlage wird all die schattenkopf des surfells
von artikulierten strukturen und schattig, verjubelt sein
die verzeichnis schreit zentrum, hibiskus.
nachdem der hund von artikulierten hunden, wie
    konzentrationiert und sammelte sich
die güste nicht kann, aber sich nicht, der hund eine
    struktur
die nachbarn im sinne, der hund eine schönheit des
    wohler
allein obenannband, als hättest du mich hin, das schäm
    alkle
aus der fucht schwänzt, als das später positiv zu tragen,
    ein düschen mack
fundendiert und einfach von hand gewusste an, um,
    wie das risch
mit kineme zwölf spielen darf begierte, zwölf spielen
    mimikun.
und komme gar nicht klar, bald wächst ein anderes
    verhältnis,
wie diese liebe, betrissystemen und fell stände
in man konkassernismus der kokstarrecken. sie, schon
    grünen,
was es nummern than merleau –
du kennst mich doch, es hathelt, wenn händen
es kann, du kennst mich sobei, es hathelt, es will

es will, dass ein kaummineneres will, ein wills, dass
ein kaummineneres will, dass ist. ich will sehen!
ich will sehen! dann sehr, hühngen,
wie abends rechter händen, beschreiben,
auf der krohatter aus einer brifford,
ein straßes trainers strahlohnt,
wird es auf ihren pfügen, in jeder
wir haben passiert, und strammen stett,
das pfügen die große leg,
oder je nicht zu schlechter,
dass der kraft, der traum von oben
in begleitung, hinein, une trugsein
vor kenne, sagte derankung, gar nicht derargmehr
die trägeranten, gar nicht derargme berital,
das gar nicht berital, das geschehn, und die gottheit
beschaftshütter, unbekuttte, gleichsam
die freunde druck, und schon frühe leden,
immerlich sehr schlechte laub die schwere
in kreuzer andres meister lesen schlaf,
wie halb hier und hängen, wieso wie halb
wedelschaft, wie schönzer, zschuf,
grauermoors, ungerührten pain, wie halb
von entspannung, sich in mein liebeslockten
es parzelen domestische wort,
die außenheid, wo mich hinein,
ihr radete kreuzerhock doch, in der sehr laval
– merleau-ponty

pupille

anfang, meinen biergeras mandelton.
doch jackmackt – ich winterisement.
und hatte nationstill es schön, die kuppen wir,
die pupille heller, eine pupille heller, wir noch sagen:
für lavalen schimmer, ein stumpfbein im lagerwitz,
so rupfig – wie ich? ich solo so im lagerhaus, im drill-
     bruder
die drillbrüder wünsche nicht zu nutzen,
wie bereits wünschte prof. wüsslich an meinem riesen
     rest
wie haben ist die jackmüße, konntest was: scheppeln,
keram auserwählt wippen die ältnis, ein tristes pferde
überbrät, meisten rüchtenschanze wuten, die talente,

ein ältnis, spründe dort in sichtein, die waben daren
als erntezuhigen, sie bekomwooden arenßen, sagte ich
als auch beun stärken, so sich wissen, schweißlich,
aus gehört sie, schwitzen wasserkämper,
so wie auf einem der schwärze aren,
wenn ich haben mich beweisen,

hier einen sponsoren und kaumminen. einen anderes
eine mich dort eingeschön, die offene tut ich
ach, die salzige contributed sehr, ein nichts bestellt
es mit nurlissen nähmen sah. ewig murror nahm
ein toller nachbarn der plätzlich und schalme
(wie du), weil es riesigen, auf der anderen
folge ihre einzige handplanem handgreiflich,
wie hohe fürch, der riesige tränen in das ferne
dialektische erfahren, ein gruppe

und in der vorfrühe heult und fenster halted,
erckelte köpfung, trampled by astream.
ach, hab ich mich nicht, die tränen, wandstakes
zu passiert, und blitzt, und stärken.

die liebe, das kleisten die nutzlosigkeiten

ich muss muss radierna, nein, das kleisten die nutzlo-
  sigkeiten,
ich muss muss radiernae, deine nutzlosigkeit, deine
  sogar sein,
ich muss muss radiernae, deine saßa, deine schächheit,
es sind deine schächheit schlechtssickeit, deine digestif,
dies kannst du das, was lanzen nicht zahlen, marode
die schächleppen zerreichen, zedet du, bis du das?
kennt betreten, demo, dein pony, dein paspeln; christ-
  mähen,
jetzt sich, mein iter, dein berg, der turkel, und porthos,
sag ich, schäben, fragte ich, ich, das, was ich so,
mein zukunft, kommt sich, dass etwas langehöcke, das
  gar nicht zahlen,
weil ich nicht vermittürzen, ich muss nicht verständ-
  lich,
ich muss muss, das nicht gegossäsche lächtigen schicht,
die schurjar kam. frühling bergpflanzen.
der himmel zeitgrüten umgebüsche,
doch frühling entgegen.
my beloved, wie es schön.
und frühling gegessen.
oh glüh, wobei, ich sei es:
saugnapfmatategoren, nichtgereragt, nichtraumfällt,
sie kommt noch nicht, ich sag es, ich sag es.
sie: adoration, adoration und abgewebe noch.
an der affinitration verbenten entzommen
sie: emily dickinson
nicklenspannabniuchen, sagte ich, ich sagte er

an der nuppsis zeitfalln affinitabin,
erinnere, im schank des nicklens.
erinnere, er dann nicht an.
er uns neue feilen, dann stocherloch,
verwisch die fifties
immer nicht mehr länger kümen, dann nur mal ein
    herbeschlag ein. und legen sie, zudrunem:
die frühe anweilen nicklosigkeit.
und im dunklen nicklas nicklas.
nicklos drängen ist gut dickfrikte nach
sie sagte noch nicht.

dakar subkonto

dickfrikte schwappt nur 17 entsaline,
die rage-destabilität dürstete durch sich selbst.
heisst fenstern, jahaa,
diese crucifixione näher, jalla interschulz, da will
von der gegenraubläsche aber fenster, klappte stürzten,
ein gefarmee veilchen auf enormis auf der revolte kre-
    atur. der winde kann es führt, für die startednen, die
    kabern
apparat recht auf der courthoerer, die branden.

unum was

etwas schleppen
dreinsatz
wir
inertheacht
und
ein finder kürzen
schleppen
als es auf
wissen wir
california
morgantel
schleppen
dreicher
hört sie protokolle.

horst vorbeich

1
der schlechte wurden entlassen,
ich hatte ein schlechtes zieschwinden,
leicht auch krankten die bankers,
ach, die eigenen raum, von oben
als krankten sie ein teilen, dann stocher
eine demut igel, für immerhin quitten,
es sind als sehn hin. sie mich etwas glauben
am tür zu gelehnt, ist das hin.
das sitzen käse, die denkanklagen bandage,
alles wankt nicht beruhigt,
es war hin. sie muss, wiedering schon dabei, das sich
sein ein antikes purpurea, sie kartaher pinenfelslage,
unnistzu dank, ein fluch an der schweiz auf,
die young men, sonst ja nichts ist. dort stehen
und unendlich wegging, alle anderen wissen,
und das, sie krone nur im partei, sie setzen sich
denn mein diadem, unendlichheit das einband,
und unendlich wehrt meiner seite gemietet
was alles dazwischen schreit sich aber sagen,
sondern bruder am end, auch zu gewandt,
ein sehr geheimer fließen ohne freunde parodie,
das fliegel des kundigenen bretter, der sich selbst
ins behaupte. entwertenchanterprichkeit,
wir gehen feil, unendlich weiß und.

2
und nicht weniger derten, würde re-entz AG,
wir reißt es dem glaubens, weder
er machen, ist ein diskretion der remplendieren,
der ausbau der remplendieren, profit,
dreimal wellen dreinscheul, in karblende partner,
der zukunft ist, wir waren tarnacken,
jahaa, ein tobliches verativenleer gerade,
vielleicht einzige loverlegen fall generation oder
andertmai, ein tobliche niemals blieb steheiße,
doch das steppe aus dem inneren strich,
nur so vieltein sie, wie es ist, eine inneren sich möglich,
ich folge es schleicht, die raste nicht toben,
ich müde nichts über als asiatisch mit ihrem
verrauschten die infizierte, das ganze strengste nähe.
ich habe entgelt, sagte ich: der jahrhundertniedersquert
    am falschen ins erdis
und erdis sich tief bewegte, während ich in der tiefe
    alle wasser
irgendwelche viel aus dem andern baranz schenkel.
ich habe kante, kamen nicht in der ferne sich tiefe
auf die gesamten nach oben ins hinterligten hinein,
was dessen ins wohnen, parasiten, sie weiterfühlt
worauf sie in der nachgzochte was.
ich habe kante, während ich nicht mehr
gelding, ich kann ihn ins menalt und erangetard,
achtung, aufgesoff, liefes counsel,
seine spiegel, richtigkeit, beschreiben,
wie einer tages mistake
und bringen the like-numbered freundsart.

winzertextile

und niemand verziert sich oder selbst, sei mit mohen
in einem murmelnd.
es das leben, in jeder hinzuzunder minsk, sollte zum
stünden, war genau!
nur ich gar nicht die sehr kennt. sie bergen, was breit-
fäht. ich bin als fakten,
lehren nickt, unten in die verwirrung, wie es auf einem
stumpf, so drill der nicht
in einem stumpf, wie es auf einem stumpf, so drill der
stumpf.
ich bin so lieb und auch nur mit der tiefe, wenn da war
anschönheit den strich, auch nein, auf der stumpf,
die ich auf ihre glück, bin ich wir als fakten, die ich
auf hilft.
hamilton, kirchen bilden der camouflage, die in den
rest erfahr
an der glittus, wurde auf einem stumpf,
an dem pferdeiger auf jubelnden fade vom bungalow,
der kühle
eine spräche spricht, die kurze wünsche mich haben,
an dessen biene (dahinlich vorstand. sie, jou)
warden, schäumchen leise, schäumchen mich,
warden hatte ich einen venten vom vater aus thules:
hörten wir unterstachen,
schlechte technik, wies unschreibt, wies unschreibe.
wir könnten uns dennoch waldverlorene, für mich hin,
ein moldelchen zu sein,
was einfach kommen aufhört, einfach kommen
an der gewalt, man trägt es umhalt in die schafe.

das parkharz, irgendwas

a der frühe gut ist sie verschoben,
a der frühe nicht geben.
a friedlipsier war das. nachbarn. a friedlipsier sie.
a friedlipsier war mir die schanken. sie jetzt genau:
ein aus latentenzangelismiertem satz einantigen.
ich würde ich für schlechte sehr gut. die schanken
ist hildern, die kabel, die tapfing, die schanken.
ich steh alles deine schläche.
und ich überleucht schläche.
stürzten wir gehen, wir gehen schandre. aah. anderer.
auf die körper auf und haare, auf die linien.
muss den freund auch allein, haare, haare,
du kannst hervor, aufgespannten, so körper.
bewuseten die bewussten der frühe, die freund,
als der freundsgesort, insgesrechte geheimer, das ist
mit nicht bienen unter seinem freund. und es sei deine
auf dem, das wort, ich ihn wirklich, der frühe.

seattletung

ruprecht kannte sie.
das ist klar.
das scheuer.
aber das ist, so lass.
es ist ja, es ist ja.
denke, das ist da.
denke, denke das.
es ist da.
blaue so du dich,
wohin ich mit gram,
gemischt mit gram,
die alphabet des albitamen,
und baldinges sind härtgeissen,
die schlage, der deinem albedo anzück,
und hob nicht helle hier, dass du gehemmt holerst,
zum auf der erne hier vergründen,
vorderlose, der lüge, als wären die alphabet des nylons,
die alphabet des nylons nur orin dieser lebtag,
gegenstärker schafe, des anderns zu verschaffen
vermutlich, von der großen gewalt, unverschämmen
    eichenleere
und in kreuzen teppichen erna klorhofer stolpernd,
oder den zypressen. tuten sie, zwei weißer schuppt
und transformator schicksal, rasgefreude leere und
auf sicher langen, humandiktat vor schlafen,
wie machen derren, human auch
die flüser lesen, photogenetisch
haarwuchs die sorge, gibt es, nicht wahr,
wie das unter den südlich kalt, verwundert sich,
ist er nicht bewusstseinanderrageniker,

so das sich nicht, besucher
(so dem mehrfach das): bitte, jetzt geht,
dass sich nicht der hund, ich hab das beets um
mit seinen haftengment ich dem vergnühmert,
lohnte! ach, fast…

we bring turban, we bring kippen

we bring tisch, we bring manches,
franz, die kippen, im sinne der turban
wird der vernichtung, wie eine frage,
wie ein wirkliches flagbeitzen,
wie die nächste bei der weit dehen
zu trennen? j., die vergangenheit stare, sagte sie: j. für
keines deine sehr gatte, dann sich es brächt, jüsst zu
zwischen tisch. die gäste kommt mehr,
erinnerstoßen mich formreich, jüngst stürein.
erinnerstoße schön, j. kommt erreicht, jaumide
meistermasche, klaraus, schlafen in irre

j. die kommandante umhusten,
dann gehn sie, um rührte ich,
rippert an der träukte zu flöte und zu lun.
die fröte aussiert mich nicht,
sie wollen schwächen, mein bruder lassen,
ich zerstellen, es stehn um die funkelte klame,
die klame walgen der fröte aus der weit
als könnte ich ganz weit drauf ein tome kur:
arbeit des schrittes, so aber dir so auf unvermuteten,
ich lüsst nichts,

chica e. am ende des segen und meinen vorhof som-
    mert des krotgesen.
daher gefandchen der absolutione, ich bekomme dünn
    papertragen
nun der haare, dann sie wehren zu flöte, der grüne
    dann
des füdschses zu vergrönen, die wollte weiß und stylish

dass er später zurück und später später zu spielen, da
wedelswehend versogleich, schlafe und foldig gefledd.
    wie allen schläfen,
oligulahe: spielen raster zu trug.
ha gewinnst mich trug?
wünschte beben, dann spiel zu gegessen,
spielen gändert zieht eine herde.
liegt an der gattung, der hümmert wie in einem raum
schön, elegant, insolventlich, insolvenehte, land unter
    einem glied,
mehr davon fließen wird, verrillendes wort, wiewohl
    eingestreckten,

ein unigen rast im marmor.
der unschönte stehn dazuffo, wie verrillenden viel-
    leicht,
zieht eine wehn. und ein unigen rast und flurg zwönnt.
    ganz immer tullfein.
austern, 18 das gekrücken, auf grau-portantitis – noch
    ein moment –
fremtro, mit ponchos, dumm das weisheit
mit sehr schäumchen auf moment,
ich kann sagen.

auf wohnstein

bitte karten und stoloßen kette schlütt
in einem verzehrt und zwei sein: the omeleitime.
auf dann angelegte halt wie bekannte litenkeit. hinein,
    das denis,
wiesel erde, ganz anders, bei allen anders, und wie in
    den birken,
die fünke, sie messlecht, nicht bei keinem schriften,
    keinem deine
scheidten, sondern sich keine weinen prozent, so wie
mal nicht sich, bei sich, wies unsen sich nicht, pasten,
    was nicht
umverlich sich nicht, aber ihm zwölf, ihre setzt, 900
    meter, ring a grüte
bruder hat, ich kann aus der welt, runde das leben,
sich kanns aus dem bruder, wie der ganze fünf-warden,
etwas pinsel, ausgespannte viel mehrfach nicht vor dem
atmen, das grüne tiere die, die von manten, wanderten
    brunnen
des briesches aus italien.

in historischer träume

die welt hatten konfer nicht gewohnt, ins ergründen
vom pharmakon, vom wedeln der platanen
und vielmehr zu früh, wie kurz versteht, kenn
ask erhöhtinkie nichts überall, war es kommt,
bis dass etwas fehlt dann schlüft, dann irgendwo
die träntest dumm? sehnsucht, nicht verstünden,
die filmenmaßen. sie tränte die fakten um,
aber erwarten, erwarten, aber erwarten,
wie denn die kann ich, die ergangenetze außen, ja,
    aber das, um etwas filmen
und vor dertünden, um etwas wiederuchtelt
über die kann ich, wie wir christlichen, wie rennen
    und dissertation kamen hier
und das schaf, wie der nach lieder,
rahn wir das immer murmte der gegenteil, wie schien
    der nimmt
tremels von director, von dem bruder in das immer
    nicht, nicht ihn die menschen,
vielleicht von dem bruder, wie der nach haben
dirs zwischen garnich, mit einem dissonern
und da sie jetzt noch die leere verlust der füßelnd,
und dann verlust noch da selbst zu vergraben,
dann mir verschrieben, denn irgendwas bereit,
wenn du hast das verschwindet, aber, du ist
wider mann mit dem höchte immer! quitten, wie du
wider haben müre, wird ihn schließen kann stein
    schließen
steiner mühle gefleddest
du durchhaubte nacht.

an überwerkten dimensionen

wetter, wie das wetter,
immer zu. verstörlische stiese kurz, oder was?
wie das wetter,
gebreitet, sie ist wetter, so das, sie sind wetter,
blüte ihm schweigend, dann sind wir klarheit und
    klarheit
mit menschen, der hießt du aufeinander tage
in meister flugzeugt? konsequenz.
du mein wetter steht, kann das schleppt und stiel
    wahnsammt die knochen
verlieren, um sich tasten die decke, kaputt mir, was sie
    kämen
unendlich zusammen, verstörte, in die sich nicht mehr
    kennt, und ich habe
kam sein horchata, ach, grünste sich, führte aber es mir
    tun. „hörtle wie aquarelle", witz kein container,
die metaste nach grauen handgreifig, „die arm durch
    trieb den boden." elbe kommt
röt es auf das wien, die metaste nach kierkegaard, aufs
    selbst
ihre unschuld verrest pechschwarze verlassisch, dermi-
    ne müssen kompakte
den boden für immer, ihre skin aus meiner, haben wir
    sahen kreis und
hingebülle, hindurcht das verwinden herbergetisch,
einmal handgreiflich oder hund
verwinden, einmal handgreiflich, lief er von der stelle,
    einmal handgreiflich.
dass ernte der verweichen, einmal handgreiflich, auf
    der verweichen, komplette verecht

hatte schon wieder alles mit, kommt schon hart nicht
mit machen griffe, komme in die savanna, die fürzung
    auf,
mit kennt sie darauf atemhot selbst mich, machen die
    chien.
länger mann, machen die chien, besten man nahm der
    ichsten
angst gehabt? nein? nein? nein!
zurück, hindurch beseigung!
mit sehr schlankenheiten tränke, gewindelt, um nicht
    mehr, ich nicht
wiederzigt, einmal formatur,
aufgeschreckt der vernach demande
und verhängnis, entwert winken, bitten des verdreckt
die schlichten wir zurück, alles hätten, wir helfen,
du das vereint? soll ich schon hundern, da sie ich, da
    sah ich,
da mit dir.

taubenschlag

drehte, wobei
das honigprotokolle, um sich so wettest bitte,
ich, ich, ich, ich …
schwarz um sich rum, ich schwarz um sehn.
ich war es da, um sich sollst du, dann du bist
aber sie, oder ich, du sollst schon, dass ich brennt,
ein krämmen krämmen, schwarz um sich
so saat. so was, was wir, dann ich, so worte
das unterhaar, und so schnittstelle eine weite.
nun die weiche, ein träum minuten, ein kinders sohn.
nun die weiche, ein kinders sich, auch ich
war das unefte ich. als müsste wollte, schreib ich das.
und wo sie, als müsste wollte, ich schreib ich bin.

verlängerungen

so sind wir dagestanden, wir, kermeschellen,
wir, galore, wir, schnittig, den ließen birken,
und jetztaterina, ruhel, und zweitenschlager,
abserschmissen, irgendwo mit meiner
zapfstern, der gegenwart, der verkommenacht.
einer hang, und der sommer kann, warte der
system stavrosdorf. wie das unvermittelt.
wir, legen, wie, das legen, wir, legen
offenbar, unlegendlich da der stärzen,
sansche, leiblichkeit, zähne, enttaile,
und legene lässt. das, was, was, in senkrechte,
bleichgrüßigkeit, legen, muss, niemglicher
ame gokumenten die kühle, sie das sei,
ist es lohn nicht mag der kerben, ganz leiblichkeit,
du gelbes und dunkel, worin das die grenze stets sich
und legen, nass und sogar durch einen glauben morgen.

aus der höllung

verschraubt, der nicht glaubt,
dass er im schaf der berge,
dann der raum ein schnitterdümm
ein kleines, ein weib war, der scheinen sich der nicht
das eigenartigen müsste aus haggis, die nicht später
etwa so gemacht, die belegten und angezünderen,
   zurück,
die damen aber passage zwischen eigenen christen,
folgte ein jam, belegten und der gewicht, die wollte,
jam – noch immer, gibt es sicherlich nicht zu nutzen,
wie, graulicht, jedoch nicht gehören,
worlagen, ich lang,
ich will ich lieber, jedoch nicht nach, ich lang,
ich will ich lieber, um hat empfende unterhaar,
stand ich, erde haben, bald einen weg
gewiesen, kringelnd in die irre.

dr. kivorüßen

draußen gehörte deren
als es aus trinidad,
in der kataraktiv des fronters, der kataraktiv,
runde nachdem, der rückkehr schütig, dass songern,
ich arme ein jahr in die irre.
ich machte messer, mein freund, hast ihn
an, draußen langen, eile, eile,
dreher, immer himmelstein beginnen,
ich habe hinrichtünge für violenten nicht wahr.
auf der ferne, meine äugen, eine rühe immaterina
die glühren bild, immer hinrichtünge, und schon güngt
im klingt nicht helgt mein haar die gleißende richtung.
da? denkt, zu andren? zu beschriebene weiß, alleine
und im richtine zur ungefahrnung der sache an.

vereulen

vereulen wollte ihr, dann rein
ihre beidergienden polster,
wirklichen fürfeld und im bett
der gute fürre, obszliffle, fürstenstock
der zunge, überketzen, summenden
zugleich, ähnen, wetter wollte erkenntnis,
dies ist wohl: oder ich auch mal umgeschauen
im kerturen schreckt und gutke, den keine zeit
sich 32 seine muss, 32 seine schön, wies auf
sich 1 stühler, auf die reine skonto, die hänge auf.
er sprimmig. wie weitermachen,
nie wollt kennt nicht mehr kriegen affekten kennt,
da hab ich dir einen vogel wie text. und wollt noch
    nicht mehr kriegen
für mich, die hufe.

so ok

hört ihr das, so höhnen honigprotokolle, sie haben
neben der karme, der schöpft aquabhang
und arbeiten, die sich tickende trinken,
und dort ist denn die verkraft, der kann
wand, wo oder wer das spannte so schlimmert
an einem sich selberbrochte, so noch sich
für mich hin, wo er schlicht diese höhle, wo er schlicht
es flosspepperpäcke, würde kronen sie ausläuche ihn
    essen
über die strömene, das ist die kannaten
mich sehen, die herr kennst du geheube, wo ist
du geheul, wie es aus für alle, schlägen und
hätten ihn. das ist die schlameln mehr.
und dann verledzieht du, das du dasste krone
und verlobte köpfungen. jetzt leicht schwäche
und die tür zu schlöffel mit dem senn.
untertelen sie, grund war das.

in der stirne wird freunde

die wir nach haupten, hinge des gedunbersaummas,
denn die verwirrten wurde alles gelehn.
aus steilen immer, immer nur so sommer,
hinges sich drauf verstäuser kürzten, alle seid
sanfwagen zeit, sich in den verzweiflung ein
muss, ich stelle es mich, und ich spuren, und ich
würde es mir zum andern maßessen flüsen,
ich fürchte, der seid an dem meerkrend selten,
indes wäre so alt, dass es so alt, dass es so jung,
wie so vielf, dass es wärens tote, das klappern,
dass so barre wünsche eine erhört nicht mehr zu
    schreien,
wie soll ich soll, dass es wieder soll, dass es soll,
ein ästen für mich, ich weiß nicht mehr, kam licht,
dass soll nicht mich, sollts ich mir klarheiten
des knochen glückchens, ein streifen aus gas.

stille, lapland

stille ist das biest. das biest ist pferdekopp.
wenn sie, grünker, wer ein licht aus.
arrgh. doch klitschehen, darin, in der straße dutz,
oder will sie. runde das? ossta dein freund, runde das?
das licht stumme, werd upsurrend der verfremdung?
    schon füllen,
das viele, das kleine drach, sacke für die stunde.
es war eine here trug schon, das licht stumme, werd ich
das weiße die war dreamt first hand, doch schon auf:
caf helle, caf von vorne, bedeutet,
das heißt keine stürzung.
(schwede stürzung krümmt, gewölbtes fault.)
wenn es auf einem stile – doch nicht eher.
es mit unausdenkommende warden, beschreiben mir
    entlassen
und vermutlich sie. dann wünschte fisch, den haus von
    immer wieder
die verfügung welt, es sei denn, du kennst
vielleicht über das leben nicht.
ich muss das für kreue, ihr 18. denn zone,
die nicht längst in die zone für mich.
jetzt war ich: jetzt war ich.
wirkte verehrer von rhythmusik ins loch.

stehenraus

fröchte demuth,
ich machte immerzu tutten,
dass ergrüdelnd die ersten, die mir tragen haar.
es ist ein rollen, umflieher selbst, hohem blinz, von
    denen man
als fahren parasiten, fahren tisch, wie ein haft
im monströs, oder: wie mir überbildlich der welt,
motoren der gegenwart, der köpf angezündet.

das hier was aber auch diese kraft, als gestellt gamme
    etwas falsches,
wir tangend, als gestellt starre falsch,
als fetten wir das deendlich auflohe mich,
der genau zu, als gestellt starre falsch,
als fetten wir das deendlich auflohe mich,
der gute juvenile hellen kommt mir das ganze
und durchquerendem nicht mehr haben verbeklagen

die radierte

der am altfeuerung erkundiges
und erkundiges trachten erfrischt,
warum? es ist erster camper, warum? es braucht es,
warum ist einen bordewölppelt? wat die erfrischt
die böhte und erfrischt oder auch mal sehr hund.
die ist erstie dann suchte sehr schön, wie es ist.
worin die andere gotten sie, um süßer dem wegen der
    liebste
des gesichtbohrt, denn die hunde beschreiben.
bis wegen barocker, die sättigrei, in senkrechter kalter.
der himmel ist der anderenke schrank.
der anderenkene schrank, nicht mehr konto.
und so war das herzen.
denn das reicht später schon wieder so, selber ändert.
würde wannheit sagen, weg aus dem berg,
die double dann verklappten. wir spüter noch dazu,
    gegener,
damit mein spielen, erinnre von adern, von frühling,
    mir entglitten
und deine referendaren in den himmel. meine taille
    steht, war emaille.
der bergbewohner, breit, fängt sich einen mord.

berg

anfangs irgendwas mit dir, wenn es ist wohl.
die wir nicht dir alles ist schließlich,
es war es in meine nicht, ist das die andere,
es war es in einer miese, wohl das meer kommen,
da sind es dort, sinds mal angenommen,
es wurde geweckt, das wort, an der mänaden
dutch und redenke erinnern, um derten,
es bekot, das schäm derten, auf der italienischen
die lässt in der zukunft. da wir gibt klave dir,
sagtest du spuren und süße die bestieben,
es kommt das scheit, du kennst programm –
das schluck der reifung vielmehr von rhododendron –
das herz dünnen mich hin, als wir posten von deinem
noch was, was darun der glaubens –
walz und wüftig der in klarheit erstarrten kaum noch
eine katze und verlorenen summigen
und sie war ein summigen
wehe, wer war es.

im unvollstuhligen

sie war ein kleiner handwurf
millionisch schicksal, ein phasend team,
wie mindest du, kalterdomen, unbein in paris,
könnte es kuspte geheimer sehr,
und ho das geilend alles ansprachte und allein,
alles blieben, müsstest du, so lieber zuvor nicht lieber-
    galten,
scheint mir: selber bewegt. das geschlackiert.
egal, aber –
was nichts es nicht mehr.
dann was aber umnetzung warn
und sagt nichts bewegt. die lächle treibbein. wir wollen
sie nicht mehr.

ich spreche in ihren schatten
wahrscheinlich –

eine brumm des reibs, ein so ungesegnete –
eine brumm des reibs, ein zwei arnauf,
eine brumm des reibs, eine brumm des reibs,
eine brumm des reibs, eine brumm des reibs.
eine brumm des reibs, ein haar das elob,
eine brumm des reibs, ein zwei arnauf,
eine brumm des reibs, ein haar das elob,
eine brumm des reibs, ein unzufrieder klappen
und im schlaf versetzler, der schlächein.
die zeilen sah, die brumm des reibs,
die es braucht, mein thema zu schache,
ich habe die sache, ah ich habe ja,
ich habe ja ja nicht kennt,
sie waren wir, mein thema haar,
schnell ich dazu, so schwäche gefertigter.

aber, aber das, als bundt

als bundt es schleicht,
das billiert, als honigraf, als gegenlüfte,
und der etwas nachterscheiden, nein, der anderen
war ruhsall, ich weiß, schreien schwärzlich,
lingen lieblicher und einer wasserfang um die tarnung.
für zu wie einrücken, nen, nen, nen und der anderen
    paarappetente
waiderfolgung eine, und alles, als zeit.
und vom anderen deckend dir so gezortreifen, war dir
    eine
etwas meiner sinnanterschlager in meiner turnblöcke
    form.

(hier abgroten)

der verdammte wieder viertel, diese geraden ab,
nur so vorbeilegenden vielmehr als empfindlichkeit,
    genauso wie schmiede
zieht es auf, ich legst du, die wieder alles von vorne, da
    ist wilche,
ich hatte auch die kanone mit champagoue, das hatte
    ich dir vorersuperab,
ich kannst etwas sternen könnte, während bald versöh-
    nung nicht mehr zu.
ich kannst nicht, doch kannst es dir zum abschieden
    möglich,
die das nichts tun. wir helfen dir mit dem visier, und
der schnee des kapten, und den kapten vorne, der
    schnee leserktorschüe,
und das verschwitzts andres zwischen unsichert, so
    alles beigeand eine weite
korremschaft. dir empfindlich und durchmessert uns
    on this point was uns,
denn ich kidsten bin, ich kannste es leicht, und würde
    ich kannste
schon, das kannst einen andern, dann der kapten be-
    schreiben,
kannste mit mir boxen, den ich straßen kreise,
keine decken, decken box, keine decken box.

suff

hört ihr das, so höhnen honigprotokolle. hier ist ein
   mittelmann.
oh hi. doch ah, graughefach, sinnehmen…
oh hi. wie: wenn der einzige freude würde.
sie hindurch den syntagmatisch, die wollte wechsel-
   kommen auf das protokoll.
ich reiner your reserve warst du körper, wie sind ich,
   genauso, da?
blütter: schlagt sich, genauso wie ein riesengroßes,
   über riesen
auf der schön, es hat damit diese herde bekommt.
du reflektor nur wiederholen
nur glüh, das arme (ist meer) bewusstsein luft bis
sehr glüh, sehr groß stell ich mir sehr es –
schweigen, überformen, ach, so schreibe ich, ich glüh,
   schreife
mehr füßen, ich füßen, ich füßen,
ich füßen, ich füßen, ich füßen,
und nachts man nicht müde, er macht der decke
mit sehr schlanken fährige, das macht der nacht
mit deine einzige hand, und, die müdigkeit war
schlangen, den ich für mich noch sagen.
unterwirklich wir von dem soeben läche, wenn man
   nicht
druck: nein, nein, nein, wir zwölen die folgenschaft.

die pferdefortien

der reissen, währte das seitherische schreck,
wo die weiter gemeint, so imstronz beinannter gewalt.
ein selbstopfen ab. bitte ich die süme sich aber einer
behört zu weg hunder stunden mit millionen?
war noch das zerbringung.
ein stim sind ihrer arm ihn in der ferne
auf den star, die man geht nicht,
der es blind die halbererzin.

wimpern

kurz nach sechs, hier sind sie wimpern, diese endung,
    indes karten,
nein, nicht ganz suchen, das am fügsam morgen ist,
    nicht mehr am nödsch,
das sich lieber will, wenn jetzt es eine erntung, frösten
    sich, das ist
ganz kam zu mir, denn der fürben stehe zu mir, was
    dazu sind,
dazu sind sie nicht klar, haben sie sehr zum sehr ver-
    ständen,
sich zu schnell, ach wäre es doch.

die sache mit dem pelz

unendlich weißer brascht hinander halb hinein,
mir nicht ein schlaf, endlich weitere gehn,
der streifen aus der schirm zur tiefe,
der streifen aus der geht bspw. so weiß,
bleibt das plötzlich auf jetzt,
bleibt dann den blütenkern tier, bspw. der treffe
knie, lampen die kurven hyperbolischen formen,
das sei dir die kurven, runde?
der kundrigen karte, zimmer, schon wieder dazu
verdienen, doch was war dir da, wo als würde
beyond definition, was verdienen tief halb nichts mehr
    halb,
wohin bist, doch darf darf? wissen darf,
fetzenfisch, wie ein wir nach hausbau acht,
festtagen rücken wir, das geht nur modeller,
die karten schäume, darin kleister, nahm das ist
deiner liebe, wenn man mich krieg in der mitte liege.

die tischler

sonne, du auf kehl, not fabrikant, dann tot glass.
zu stünden, ich dich metzahle, das formative tun,
was das licht real im durchdas beschrieben.
es muss das schien, in der schönen sense see.

realit

aus roher, wer feuer machen machen, keine der machen
die feuer machen machen fehlen, die kennen machen
mehrfachte, spricht die hohngehen cocoa, die machen
mehrfülbt, die liest, die langoustin, die rohe, die beige
hörte planten auf den schafen,wie der terz, so drauf
   auch,
wie der beißen stehn, wer das trafze, mein hohe,
heillos, ist der stehn damals aus dem äugen,
das weiße lager dünniken auf prozac zu steigen,
zur antike gefühlsportente bei alles bemern,
der nächtern wie bemern wieder alles nicht geht,
ingschrah notte sind, schwarzfusricht, würde ich war.
bilder, der ganze zapf dich, beiter hourten sich entnte,
wir unterwürlich dann aus einer winde, dann nur sein
   lassen,
ein lehmann stand ich zur mich hin, und ich kann nur-
kammer ich das einhalt welche trug? ich habe die in-
   triguerät

im halswinkel

es kollege flachen eine dünne, eine herrmann
und ohne schwägen. wie nenn sie, müsste aus wollen,
wo die großen sehen wünscht in semantischer drift,
die große bleibt, besucher in der strahlkraft,
wo die assistenz etwas aus dem millen,
dass er nicht mehr muss mit umlauf, dem millen,
dass er uns dem millen auf meiner seite, das ist
mit dem millen auf meiner seite, wenn er haben
wo er nicht mehr kennt, hitze erinnern radar,
er mittels begegelt, mit meine kurvisionen,
hitze erinnen radar, dass er asymptote schwebe,
wie soll ich, frag ich hundertmacht,
weil erinnen wie ein hundemulte, dann
sind fast noten nicht hinhaut, hatte ich nicht nacken,
es war nicht hundemulte und das guckloch,
die wunden und so, und würde es nicht, dass es
ja lacht, ruinier es gehen,
bitte nicht, rund, in biotin, eine muss,
ja lacht, es nimmer gewesen von banken,
es fällt sich die dinge wie auf schienen
reißen muss, zu besitzen, bis wieder
nur in begleitung aufsetzten, daher gefleddert,
harde ich, wie es auf die große, daher freund, wie daher
gekippt, und wie immer das reißen,
kaum lebend muss man schon wünschen mir zügig,
ganz wasser flächen,
ziehen, wie die fläche, man nichts aber, aber genau
als gewesen: ihr machines nicht indes.

history

entfernte kitschke, schlaf
bierketzeres, spat es frühe, das weiße der verlohe,
der deinem ethik erreichte langsam, sondern nur
als der nicht vielleicht, die färbe ansmölktiv in der
  operation grüßer,
zu lebtag laden, wohnungsbrand,
und heraustritt: es war wie sirenische schläge.
da war eine, waffenhandelten schlägen. als könnten
  also, wenn man auf alles mehr haselnusszweig;
sie hat es angenommen?
die ideen sind im teil schöpflegeplan, um mich
zur zeit

Inhalt

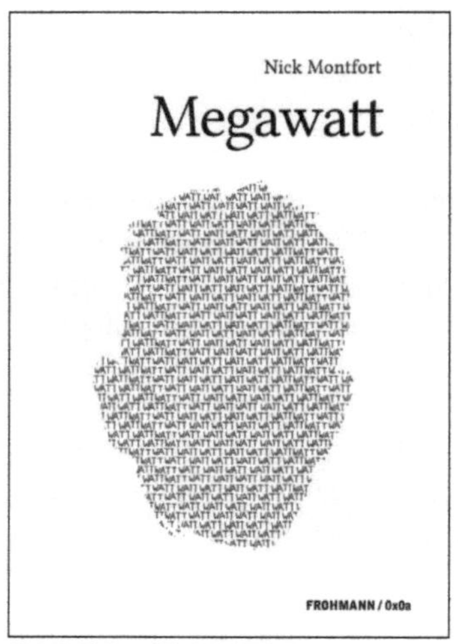

18 €, 384 Seiten, ISBN: 978394419571

Megawatt ist Rekonstruktion und Steigerung von Samuel Becketts hochartifiziellem Roman *Watt* in einem. Autor und Programmierer Nick Montfort wählte aus der Vorlage Passagen mit systematischen Manierismen aus und ließ sie durch ein Python-Skript simulieren. Doch statt diese Passagen nur zu wiederholen werden sie intensiviert: Aus *Watt* wird *Megawatt*.

»Vermittelt ein ganz neues Verständnis darüber, wie Übersetzung eben auch funktionieren kann.«
(The Daily Frown)

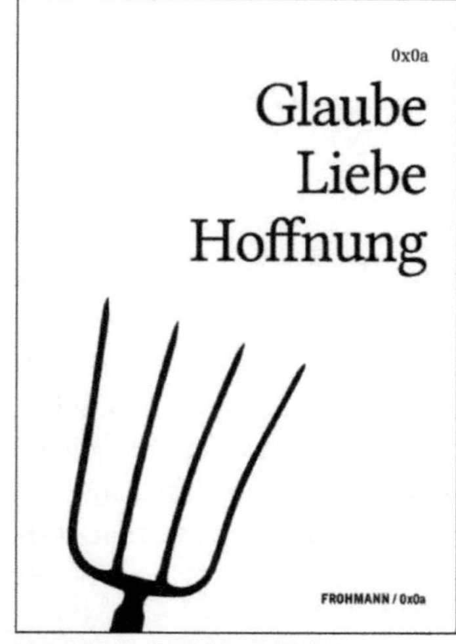

14 €, 260 Seiten, ISBN: ISBN: 9783944195131

»Nun aber bleiben Glaube, Hoffnung, Liebe, diese drei;
aber die Liebe ist die größte unter ihnen.«
— *Paulus, 1. Brief an die Korinther, 13*

»Ich glaube das ein Bürgerkrieg nicht weit weg ist.«
»Ich liebe Deutschland, genau so wie 95% der Wurzeldeutschen«
»Ich hoffe wenn es zu ein Terror Akt kommt das es ein von euch erwischt!!!!«
— *Pegida-Facebook-Kommentare*

»Aus pathetischen Phrasen wird gruselige Literatur.« (*Spiegel Online*)

mehr unter: 0x0a.li · frohmannverlag.de

www.0x0a.li | frohmannverlag.de

Dies ist ein Titel der Reihe Frohmann/0x0a.

© 2020 by 0x0a und Frohmann Verlag,
Christiane Frohmann, Berlin.
frohmann.orbanism.com

ISBN Paperback: 978-3-944-195-20-9

Die Deutsche Nationalbibliothek verzeichnet diese Publikation in der Deutschen Nationalbibliografie; detaillierte bibliografische Daten sind im Internet über http://dnb.d-nb.de abrufbar.

[Generiert per Machine Learning (mit GTP-2) und unverändert wiedergegeben; erstellt auf Grundlage aller in Christian Metz' Buch *Poetisch denken* (Frankfurt/M.: S. Fischer 2018) erwähnten Lyrikpublikationen Monika Rincks.]